滑川町の地名

高柳　茂

まつやま書房

滑川町の地名◎目　次

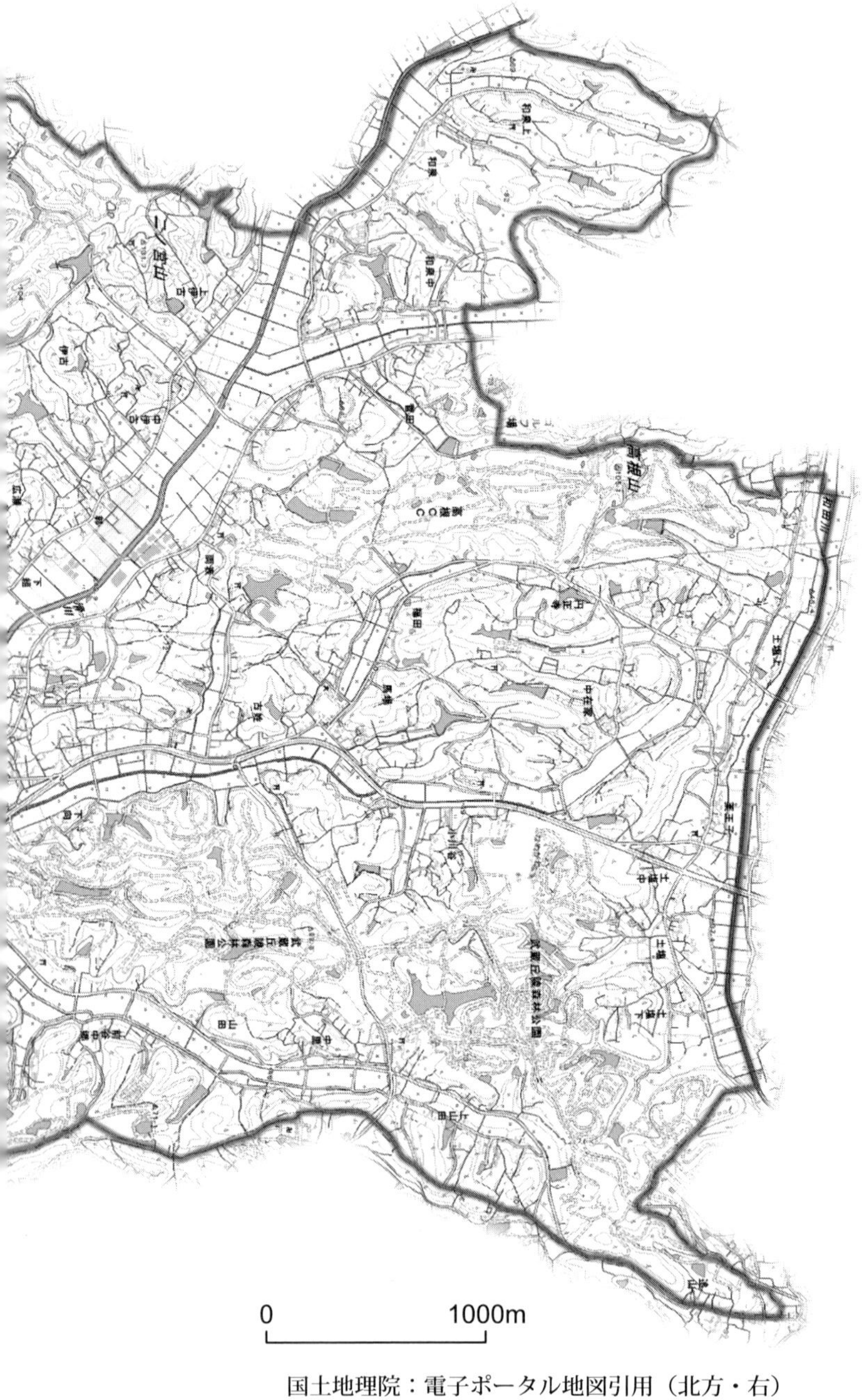

国土地理院：電子ポータル地図引用（北方・右）

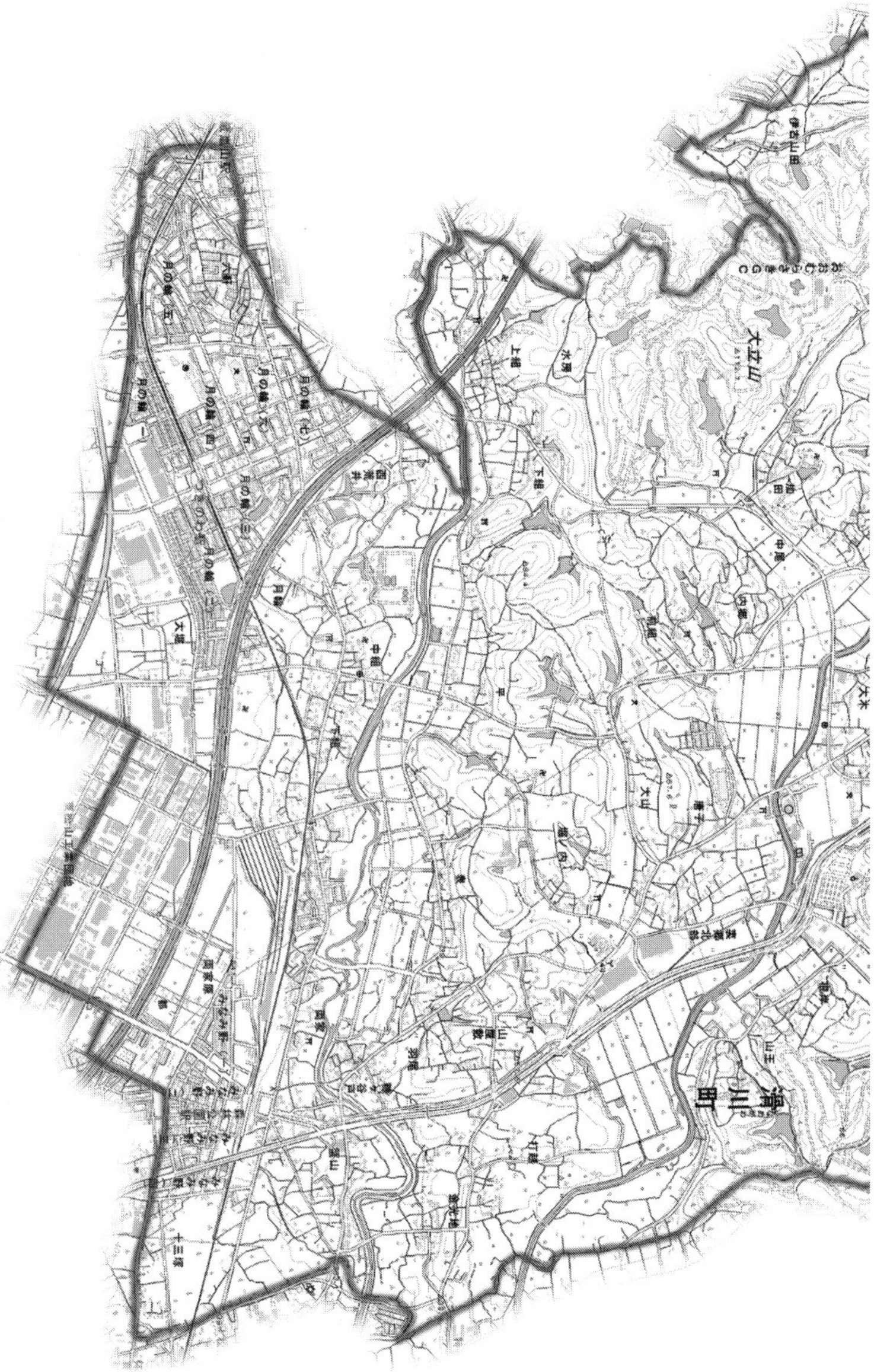
大立山
滑川町

はしがき

地名はおもしろい。いくつか例を示してみよう。交通情報で耳にする地名に、小仏トンネルがある。中央自動車道の東京都と神奈川県の境であり、上にあるのが小仏峠である。これは小峠（コトオゲ）がコトボケ→コボトケと変化したか、または毀・解（コボ・トケ）で崩壊地形を表したものと考えられる。同じく、交通情報でお馴染みの場所に、北方（ぼっけ）十字路がある。千葉県市川市で中山競馬場（船橋市）近くである。ボッケやバケは崖を示す地形語である。埼玉県では、美女木という地名をよく聞くが、これはビショ・ビジョが湿地を表現していると考えられる。普段、何げなく聞いている地名にも、意味や由来があり、それが分かればおもしろい。

奈良県橿原市に飫富《をふ》という地名があった。これは字形が似ていることから、飯高に誤写され、すると読みもイヒタカになり、さらにイが脱落してヒダカになった。元の地名とは全く違ってしまう。しかし、隣には多《おお》という地名が残っている。また、奈良県には、枝組・妻田組という地名もある。何かの組か団体のようだが、実は、古代の工人に関係するものである。枝組は絵工であり、妻田組は爪工である。爪工とは、貴人に差し掛ける日傘のような蓋の部品を作る工人である。ほかにも、汐留↓姑、八条領↓半女良、漆野↓嬉野、飛騨ケ山↓日高山、小狭間↓オバサマ（伯母様）のように、地名は変幻自在である。由来を考えるには、漢字にとらわれないことが肝要である。

地名は楽しい。関東には、ときおり味噌作・三惣作などの地名がみうけられる。これは荘園領主の直営田、つまり御正作・佃のことである。また、尻面・雲明も分からない地名だが、修理免・公文名と書かれれば、やはり中世の地名と理解できる。それぞれ、寺社修理の費用を出す代わりに年貢が免除された土地・現地の荘園管理者に与えられ年貢免除された土地のことである。このような謎が解ける過程を読むのは楽しいものである。

地名は難しい。長野県には、シナのつく地名が多い。蓼科・更科などである。シナは段丘・階段状の地形を表すと考えられる。豊科も同じと思うと、間違いなのである。これは、鳥羽・吉野・新田・成相の合併のさいに頭文字をとって作ったものである。知らないと的外れな解釈になってしまう。

地名には中学生のころから興味をもっていた。その後も地名に関する本をたくさん読んだ。とくに地名の名義・語源に関心が深まった。しかし、地名はやはりむずかしい。さっぱり意味の分からない地名も多い。また、簡単で単純そうに見える地名にも意外な落とし穴が潜んでいる場合がある。たとえば、埼玉の場合では、朝霞市という地名がある。朝に霞が湧くところから付いた地名ではないかとする本がある。だが、実際は、この地に一九三二年に移設された東京ゴルフ倶楽部の名誉会長が朝香宮であったのが起源であり、朝香の文字を避け、朝霞となったのである。このように、地名の解釈は難しいが、日本地名学の長年の研究成果に学べば、地元の地名の語義もいくらかは解けるのではないかと思う。

そもそも私が地名に興味を持つようになったきっかけは、二つあると考えている。一つは、中学生のとき、地名に関する講演を聞いたことである。一九六五年ころ、滑川村文化財保護委員の研修会に講師として韮塚一三郎氏が滑川中学校に来校した。滑中郷土部の部員であった私は、関根智司先生に声をかけていただき、講演を聞くことができたのである。郷土部員がほかに参加していたかどうかは記憶にないが、図書室で話を聞いたことは非常によく覚えている。そのとき韮塚氏が配った一枚の資料は今でも持っている。

二つ目は、高校生のとき、現代国語の教科書に柳田國男の地名について文章が載っていたのを読んだことである。「たわ・たを・たをり」という文章であった。タワ・タオなどのことばが、地形のたわんだことを意味し、峠をさしているという内容であった。いたく感動し、すぐに角川文庫の「地名の研究」を買って読んだ。この本は今も手元にある。裏表紙のメモによって高校二年の三月に購入したことがわかる。高校での夏休みの課題では、「滑川村の地名」を書いた。「このような視点で郷土を見るのもおもしろい」というようなコメントをもらった記憶がある。

高校三年の夏と思われる。ところで、「たわ・たを・たをり」という文章は、「地名の研究」には収録されておらず、長い間再読できなかった。探してみると、「秋風帖」所収の「峠に関する二三の考察」の一部であることが分かり、久しぶりに読み返すことができた。なお、「遠野物語」を読んだのもこのころのことと思われる。

その後も地名に関する本は読み続けたが、地名の中でも特に小字などの小地名とその由来の解明に関心が向いた。多くの先学に学ぶところがあったが、特に鏡味完二・松尾俊郎・池田末則・楠原佑介・服部英雄各氏の本から多くを学んだ。

大学で考古学を学んだので、遺物採集や古墳調査など、滑川町内もよく歩き回った。フィールドノートの最初の日付は、一九七二年七月六日となっている。四十年以上も前である。卒業後も、郷土史への関心があったため、城館跡・寺社・石仏・板碑などもみてまわった。ついでながら、趣味で野鳥の観察や写真撮影、さらにワシタカ類の生態調査にも参加するようになり、林の中をよく歩いて回ったりした。そのたびに、遺跡・動植物・地形など土地を細かく観察する習慣ができて、これが地名研究にも役立った。

しかし、地元の歴史や伝説に詳しい人にしか分からないことも多い。机上で考えた推論には、思わぬ勘違いも少なくないと思う。それでも、「分からない」、では何も進まず、おもしろくないので、とにかく何らかの考えは述べるように努力した。当っているかどうかは、はなはだ疑問だが、こういう本も何かのきっかけになり、地名学の進歩につながればと思う。その前にまず、地名のおもしろさと重要性に気づいてもらえればうれしい。

地名は歴史を語る貴重な文化遺産である。簡単に変えてはならない。安易な合成地名も問題が多い。「武蔵国郡村誌」の字地のなかには、悲しくなるような地名がまれに見られる。一番耕地・二番耕地のような番号地名、い通り・ろ通りのようないろは地名である。歴史感覚の欠如が残念でならない。現行の小字をみても、子・丑・寅の十二支を付けた村がある。何の歴史情報も得られなくなってしまったのが悲しい。いっぽう、長野県南木曽町には読書（よみかき）という地名がある。これは、与川・三留野・柿其の村々が合併し、頭文字をとったものである。成立の事情を明確に伝えていかないと、後世の人を惑わすものになりかねない。この本をきっかけに、地名に対する関心と理解が少しでも高まればと願っている。

一　地名の楽しみ方

阿弥陀如来（成安寺）
貞享二年（1685）

「武蔵国郡村誌」には、各村の字地（小字）が載っている。「角川日本地名大辞典」には、この小字がまとめて掲載されていて便利である。埼玉県内で約一七〇〇〇の小字がある。ただし、村ごとに精粗があり、細かく書き上げている村と、主な字地しか載せていない村とがあるようである。現行の小字数との比較を、現滑川町で調べると、「郡村誌」には約一三％が出現する。東松山市の場合は、およそ二九％である。これによって推定すると、実際には、「郡村誌」の字地のだいたい四倍の小字があると考えてよいだろう。つまり、県内の小字の数は、約七〇〇〇〇となる。「新編武蔵風土記稿」には、小名が書きあげられている。小字よりも大きく中字くらいの地名が多いようである。県内の分で、約八八〇〇の小名がある。ただし、小名を一つも挙げていない村が三九三か村もある。仮にこれらの村に三つの小名があるとすると、県全体では、約一〇〇〇〇の小名があることになる。

私は、このような小地名の一覧を見るのが好きである。大変におもしろい。身近なものには、郵便番号簿がある。これも全国の地名を見るには便利であり、見ていて飽きない。こういうものを見ると、いろいろなことに気づかされる。ここでは「郡村誌」の小字一覧を例にして、地名の楽しみ方を紹介したい。

まず、同じ地名や、よく似た地名が見つかるから、これを集めると、地名の起源を考えるのに役立つ。同じ地形や特徴を表現していると考えられるからである。同じ発音なのに、文字が違うのも楽しいいし、参考になる。

たとえば、町張という地名がある。丁張・長張とも書かれる。新田に多い傾向がある。そこで、土木工事に関係ある言葉ではないかと考え、いろいろ探すと、寛政六年（一七九四）の「地方凡例録」（大石久敬著）に、堤防を築くときその形を縄で張って示すことであると出ていた。特に堤の曲がる所に張るという。そこで、町張とは、堤のある所、あるいは堤の曲がっている場所というような意味が想定できる。さらに、縄を張ったようにまっすぐで長い田畑ということかも知れない。新田や耕地に多いことを考えると、水糸など縄を張って土木工事が行われた場所という意味がふさわしいか。

また、木の付く地名も興味深い。松の木や梅ノ木は、植生による地名と考えてもよいが、稲荷木・八幡木などは、植生ではなさそうである。ほかにも、諏訪の木・地蔵木・山王木・伊勢の木・雷電木などがある。これらは、際《きわ》の略ではないかと思う。稲荷社の際を略して稲荷木としたのではなかろうか。八幡様のきわが八幡木ということであろう。桃の木と柿の木は、その木が生えていたとも考えられるが、ママ（崖）の際・カケ（崖）の際の可能性が高いと思われる。

さらに、鴻の面・鴻免という地名もある。コウノトリの顔は白く、眼のまわりが赤いが、これと地形とは結び付きそうもない。この地名は、香の免ではないかと思う。仏前に供える香を負担するための土地である。

鶴巻という地名もときどき見かける。ツルは細長く曲がった水流をさす場合もあるが、鶴巻は古墳の名前になっていることがある。弓に使う予備の弦を巻く鶴巻は、横から見ると凸レンズのように中央が盛り上がっている。そこで、丸く盛り上がった墳丘状の地形を鶴巻と呼んだのではないかと考えることができる。また、細い水の流れが丘陵の裾を取り巻くようにめぐっている場合もあるかもしれない。

古代の官道である東山道武蔵路に関して、早道場という地名が関連あるのではないかという説がある。しかし、探してみると意外にこの地名は数が多く、速水場で流れが速いことを表す場合か、乗馬の練習をした馬場の意味が普通であると思われる。古代官道に係わるハユマミチ（駅馬道）の場合は限られているようである。

錠殿という地名は、古代郡家の倉のカギに関係があると考えて探したことがあるが、結局、この地名は、湧水を表す地名だとわかり、自分の勘違いだと判明した失敗がある。ジョウドノを探してみると、神社名も含めると、県内で六〇個所以上ある。群馬県にもいくつもあることがわかった。神社の名前になっているのは、水神として泉が祀られたためであろう。漢字は、尉殿・重殿・頭殿・蔵殿など、さまざまである。発音もジュウ・ジョウ・ズウ・ゾウと変化している。

このほか、堀の内・城山・根小屋などを手がかりとして、城館跡を探したり、領家・地頭・佃・門田などから荘園であった場所について推定することもできる。また、梅沢・蛇崩・切所などの地名から、かつて土砂崩れや破堤の起った場所を推測し、新田・荒久・亥開などから開発の歴史を探ることも可能である。

中世の古文書に出てくる地名は、今のどこかが分からない場合も多いが、比企郡杉山村のイナカス↓稲笠、伊古村のサカヤカキウチ↓堺垣外というふうに、中世の遺称と思われるものが残っている場合もある。古代の御坂郷の故地が、横見郡御坂谷（御墓谷）と考えられるのも一例である。

ところで、深谷市の血洗島のような変わった、難解な地名も少なくない。血洗島の解釈には、諸説あるが、私は、千・新井・島、つまり多くの湧水がある所という意味ではないかと考えている。島は、ここでは一つの地区ということであろう。

以下、滑川町の地名と、関連するその他の地名について、主に意味や由来について考えてみることとする。

二　武蔵と埼玉・比企

青面金剛（南薬王寺）
元禄七年（1694）

武蔵（むさし）　无邪志・胸刺とも書く。元はムザシと発音したものと思われる。賀茂真淵は、武蔵・相模はかつてムサと呼ばれていたが、これをムサカミとムサシモに分け、それがサガミとムサシになったと説いた（「語意考」）。個人的には、この説が私は気に入っている。なお、真淵の門人である本居宣長は、武蔵・相模はもとサシといったが、サシガミとミサシに分かれ、サガミとムサシになったと説いている（「古事記伝」二七巻）。

埼玉（さいたま）　前玉とも表記される。サキタマまたはサイタマであるが、これを幸を招く幸魂（さきみたま）とする説がある。しかし、私は、崎（または岬）とタマからできた地名と考える。タマは水の淀んだ所、流れのゆったりした所という意味である。流れが淀み、半島状に土地が突出した部分を指した地名であろう。即ち、「万葉集」に出てくる「埼玉の津」のような所を語源としていると考える。つまり船着き場である。

比企（ひき）　ヒキは低いに通じ郡東部の低地を語源としているのではという説があるが、疑問である。ヒキは古代の部民の日置部によると考える方がよさそうである。日置部とは、朝廷の火・灯火の管理に従った部民である。ただ、比企郡には、日置という地名も、日置部の居住を示す兆候も残っていないことが、この説の難点であろう。しかし、日置と書いてヒオキまたはヘキと読む地名は、福井県・愛知県（２）・滋賀県・京都府（３）・大阪府・兵庫県（２）・和歌山県・山口県・熊本県・宮崎県・鹿児島県と、少なくとも一五か所ある。みな西日本であるが、埼玉県でも日置部の置かれた可能性を追究する必要があるだろう。

滑川（なめがわ）　ナメは滑らかを意味し、川の河床が粘土質で滑りやすいことからきているのではないかと思われる。滑川の河床がどこでも滑らかとは限らないが、一つの特徴をとらえた地名であろう。

三　大字編

青面金剛（内田）
宝暦二年（1752）

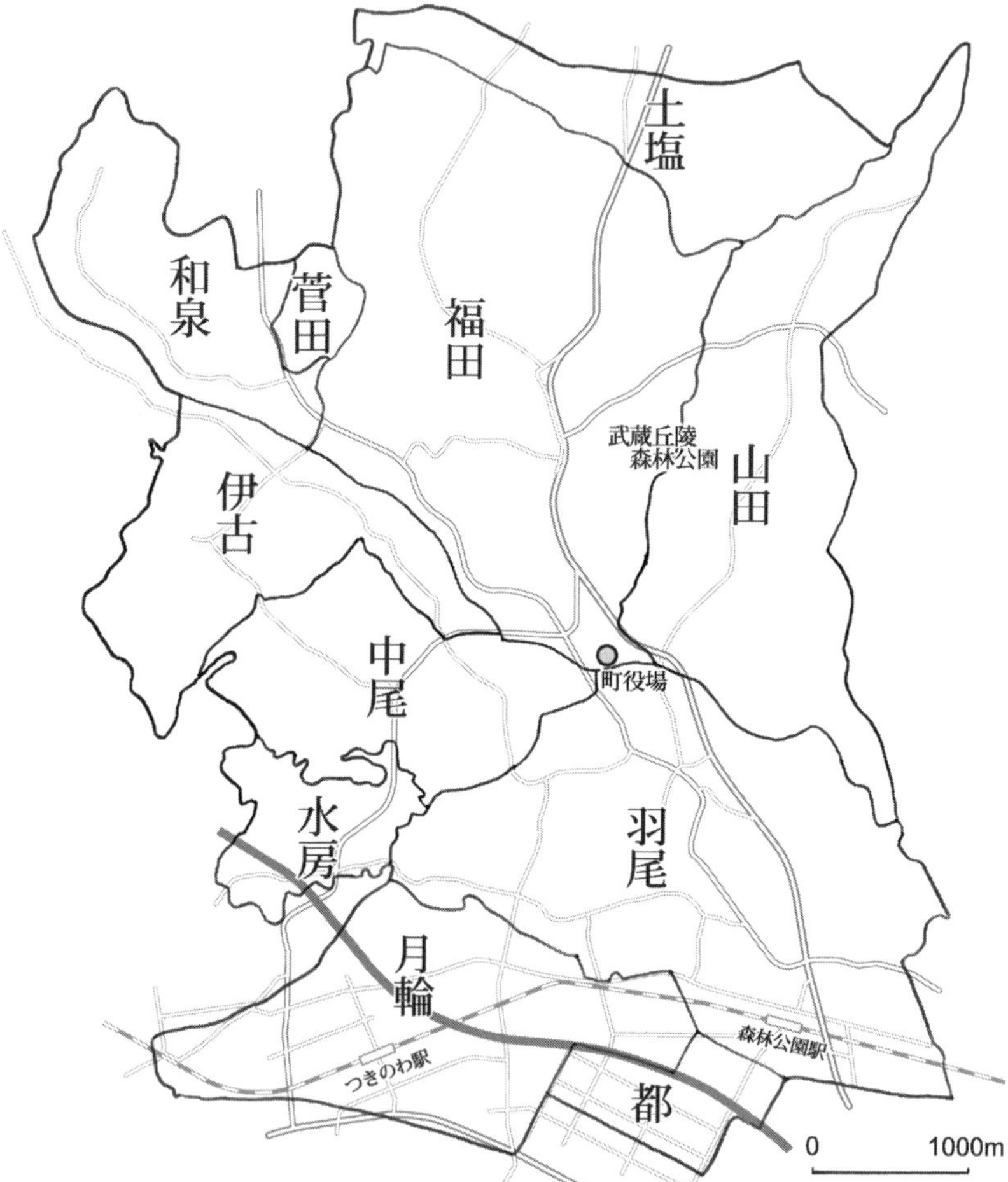

土塩
和泉
菅田
福田
武蔵丘陵
森林公園
山田
伊古
中尾
町役場
水房
羽尾
月輪
森林公園駅
つきのわ駅
都
0
1000m

福田（ふくだ）　福田は、よい田や縁起の良い田という意味と考える人が多いが、これも安易に過ぎると考える。また、木曽義仲の遺臣がこの地に住み着いたのが天福年中（一二三三〜四）のことから、年号の福に田を付けて福田と呼んだのが始まりという伝説もある。これも疑問が多い。フクダはフケダまたはフカダが語源で、泥深い田というのが原義であろうと思う。「武蔵国郡村誌」や「福田村郷土誌」には、「菰池堀」という言葉が出てくる。これは、現在、中堀または中堀川と呼ばれている川のことであると解釈される。従って、今は、深田がなくても昔は「菰池」という池があり、そこが水田になってもしばらく深い田であったためにフケダ↓フクダとなったのではないか。

音羽山の墓

山田（やまた）　山の間の田ということか、または、水田のある谷が八つあるので八股といったのかもしれない。楠原佑介氏は、山田の夕はあなた・こなたの夕（方向・処）で、山のあるあたりという意味ではないかとする。

江戸相撲で活躍した音羽山は、山田村の鈴木家の出身である。享和三年（一八〇三）生まれで、前頭三枚目まで進み、引退後は勧進元になり、九代目雷権太夫となった。明治二年（一八六九）六十七歳で死去、墓は東京都豊島区高田の南蔵院にある。戒名は、浄照院雷音勇道居士である。

土塩（つちしお）　塩が付く地名は各地にあり、基本的にはシボムという言葉の語幹であるシボ、シホが塩になったと考えられる。これは、谷が次第に細くなっていくことを表現した地名と解釈できる。土塩も、だんだん狭くなっていく細長い谷からできた地名と思われる。土の意味がよく分からないが、土は泥の意味で、底が泥の細長い谷ということか。

和泉（いずみ）　泉は文字通り水の湧く所を意味しているが、和の字を付けたのは、古代律令国家が、地名は縁起の良い文字で二字にせよという命を出して以来、その考えが伝わっていたためであろう。

菅田（すがだ）　スゲの多い田ということであろう。「新編武蔵風土記稿」によれば、菅田村は、勝田村の枝郷であった。

伊古（いこ）　江戸時代には伊子と書いた。岩が露出して厳めしい地形をイカという場合があるから、一つにはその可能性がある。伊香保などはその例である。もう一つは、伊古速御玉比売神社から伊古という地名ができたというもの。しかし、これは順序が逆で、伊古地名の方が先にできていたと考える方が自然である。そこで、和名抄の比企郡の郷名に渭後（ぬのしり）とあるのを、この地と考え、ヌノシリを音読みしてイコができたと考えることが行われている。

ヌとは沼のことであるから、ヌノシリとは沼の奥の方という意味になる。滑川町は沼が多いから、どこの沼をさしてヌノシリという言葉ができたか分からないが、有力な説である。なお、滑川の右岸、小字眺望里のあたりにかつての滑川の旧流が細長い沼になって残っていた。このような所をボイという、「武蔵国郡村誌」にも保井という地名がのっている。そこで、このボイのような沼の奥という意味でヌノシリが使われていた可能性もあろう。

なお、速御玉の意味は、御が美称で、「速い魂」が本来のことばであろう。二ノ宮山などの山から流れ落ちる水流の速いことを見て、水の精霊を女神として祀ったのではなかろうか。

伊古神社

中尾（なかお）　中尾も各地にある地名で、ナコ型地名といわれる。つまり、小平地を意味するナコが起源であると考えられる。丘陵上の平地が少ない所では、平坦な場所が貴重だったのである。もう一つの可能性は、中尾の中央に北東に向ってU字形に開いた丘陵があるので、これを中の尾根というふうに呼んだことが考えられる。「風土記稿」によると、中尾村は水房村の枝郷であった。

水房（みずふさ）　これは難解な地名でよい解釈が思いつかないが、韮塚一三郎氏は、「埼玉県地名誌」で、ミズキのことを別名ミズブサというから、水木が多く生えていたために付いた地名ではないかと述べている。今は、この説に従っておきたい。

水房荘という荘園の名称と思われるものが伝えられており、中尾村・太郎丸村は水房村の枝郷とされているので、荘域はこれら三村を含めた領域であったと推測される。これらの地域には、淡洲《あわす》神社が存在するという共通点があることは、「滑川村史」で指摘されている。淡洲神社は、さらに広野・伊古・福田・野田の各村と岡郷にあり、これらの村も水房荘に属したのかもしれない。

月輪（つきのわ）　月輪については、古くから月輪兼実（九条兼実）がこの地に住んだことから付いた地名であるといわれてきた。しかし、九条（藤原）兼実が武蔵国に流されたとか、隠棲したという史実がないと考えられるのでこの説は信じがたい。ただ、大堀に大堀館跡があり、その東方に両家・両家原という地名があることから、荘園が存在した可能性があり、それが九条家の荘園であったことは想定できる余地がある。

両家が領家のことであれば、荘園が下地中分され、領家分と地頭分に分割された名残であると考えることができる。「武蔵国郡村誌」には、「駒留橋」「駒爪石」という地名が出てくる。私は、

「駒爪石」は下地中分された土地の境界を示す石、つまり牓示石ではないかと考えている。そして、「駒留橋」は、そこが境界で馬を止めなければならないことを意味することから命名されたものであろう。

月輪神社古墳

もう一つ、月輪の地名ができた可能性をあげておきたい。岡山県月輪古墳は、造り出しのある円墳であるが、ここでは雪が降ったあと、周堀の部分だけが他の部分より融けるのが遅かったため、リング状に雪が残り、これを月の輪と呼んだという。滑川町月輪は、月輪古墳群があり、多くの円墳が存在したので、同じように融け方の違いから輪状の雪が残り、それが月輪の地名の起りになったのかも知れない。さらに考えられることは、古墳は削平されて墳丘がなくなる場合が少なくないが、こういう古墳は表面からは見えなくなっても、後に土地を均すと周堀の部分が黒い土で埋まっているため、まわりの赤土から区別されることがある。この黒土の輪が月の輪に見立てられ月輪という地名が付いた可能性もある。

月輪古墳群は六〇基以上もあった大きな古墳群で、六世紀代を中心とする。区画整理にともなう発掘で、五基の帆立貝型古墳が見つかった。前方部の短い前方後円墳である。月輪神社古墳も前方後円墳の可能性がある。

月輪のうち、つきのわ駅周辺の区画整理が行われた地域の住居表示は、月の輪一～七丁目となっている。

都（みやこ）　高校生の時は、意味が分からなかったが、その後、開拓に入った人たちが宮前と唐子から一字ずつとり、「住めば都」という意味で付けた地名であると知った。知らないと全く的外れなことを考えるもので地名の難しさを考えるよい機会であった。

ここは、アジア・太平洋戦争の末期に、陸軍の飛行場が計画されたが、完成直前に敗戦となり、飛行場としては使われなかった。その後、開拓団が入植し、さらに工業団地になった。畑が広がっていたころには、石鏃など石器が多く散布していた。旧石器も含まれていた。

飛行場の工事の前に、東上線の線路が飛行場にかかることになるため、北の方に最大で八〇メートル曲げられた。

羽尾（はねお）　ハネ・ハニは粘土のことで、この地から粘土の採れたことが地名の元になったのであろう。尾は尾根や丘陵の意味である。羽尾には五厘沼窯跡や平谷窯跡群があり、五厘沼のそばには、「ねばっと」と呼ばれる場所から粘土がとれた。ここの粘土は「羽尾窯跡発掘調査報告書」を作るとき、陶芸家の高澤節氏に実験に使ってもらったことがある。

羽尾のうち、森林公園駅南側の住宅街の住居表示は、みなみ野一～四丁目となっている。

「ねばっと」と呼ばれる所

四　小字編

如意輪観音（蟹山）
明和五年（1768）

小字については、「滑川村史通史編」によったが、一部は、「郡村誌」等を参考に、自分の判断で読み方を訂正したところがある。

小字の表記は、用字も含めて複数の表現があり、統一されてない場合がいくつか見られる。裡（裏）・性（姓）・渕（淵）・丁（町）・才（財）・船（舟）・五（吾）・峯（峰）などがその例である。

1 福田小字

上両表（かみりょうもて） リョウモテとは変わった名前だが、両方の表ということからきているのではないかと思う。南西に向かった斜面を表、北東側を裏と考えたのが元になっているのだろう。表のうち、上の尾根側を東西に分け、下の低い方を上中下に分けたのではないか。そして、上側の表と下側の表を合せて両方の表、つまり、両表となったと考える。

中両表（なかりょうもて） 上両表参照。

西両表（にしりょうもて） ここの稲荷社・不動庵のそばには、地元の和算家小林三徳（一八〇五〜一八七八）の墓がある。三徳は福田馬頭観音に算額を奉納した人である。なお、三徳より前に、福田村馬場に栗原辰右衛門（?〜一八一三）という和算家がいたが、詳しい事績は不

福田

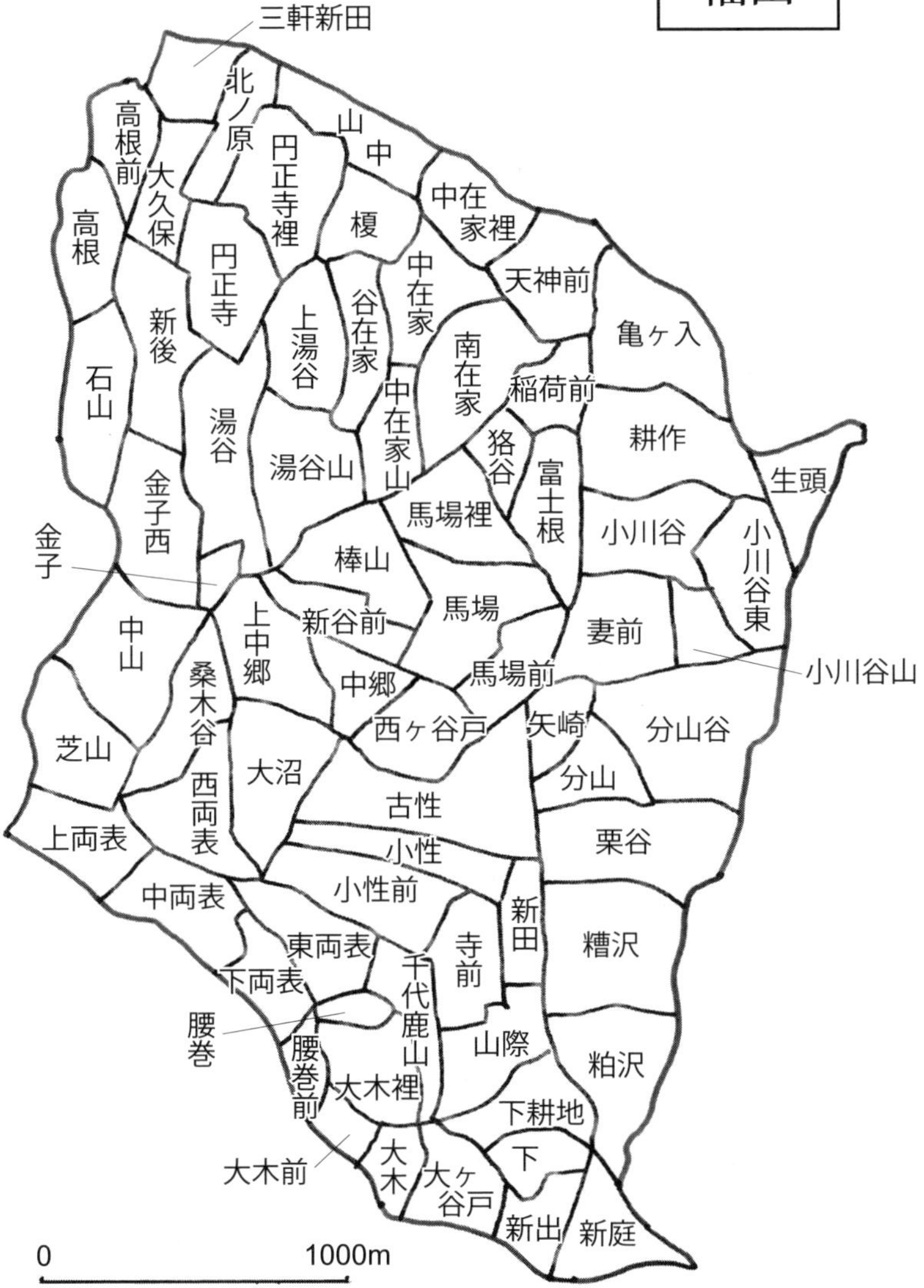
三軒新田
北ノ原
山中
高根前
大久保
高根
円正寺裡
円正寺
榎
中在家裡
天神前
亀ヶ入
中在家
谷在家
上湯谷
新後
石山
湯谷
南在家
稲荷前
中在家山
湯谷山
狢谷
富士根
耕作
生頭
金子西
金子
馬場裡
棒山
小川谷
小川谷東
上中郷
新谷前
馬場
妻前
小川谷山
中山
桑木谷
中郷
馬場前
芝山
西ヶ谷戸
矢崎
分山谷
大沼
分山
西両表
古性
栗谷
上両表
小性
小性前
新田
中両表
寺前
糟沢
東両表
千代鹿山
下両表
腰巻
腰巻前
山際
粕沢
大木裡
下耕地
大木前
大木
大ヶ谷戸
下
新出
新庭
0
1000m

明である。

東両表（ひがしりょうもて）上両表参照。

下両表（しもりょうもて）上両表参照。

腰巻前（こしまきまえ）コシマキとは、中尾のネガラミや山田の根岸と同じで丘陵の裾に取りつく部分をさしているのだろう。

腰巻（こしまき）腰巻前参照。

大木裡（おおぎうら）大木裏とも表記する。オオギという読み方である。文字からは大きな木が生えていたためにできた地名かと思われがちだが、多分そうではないだろう。坂の上に富士塚があるが、このあたりから南を見ると、裾を広げながら緩やかに傾斜している地形の特徴がよく分かる。おそらくこの特徴を、扇を広げたような形とみて付けられた地名であろうと思う。

大木前（おおぎまえ）大木裡参照。

大木（おおぎ）大木裡参照。

小林三徳の墓（右写真）
富士塚（上写真）

大ケ谷戸（おおがやと）　大きな谷戸はないので、大木の谷戸かも知れない。ここには、地元出身の俳人である五道庵竹二坊（光谷自得）（一七五九～一八三五）の文章がある文政五年（一八二二）の庚申塔が立っている。竹二坊は藤堂伊賀守の侍医を務めたこともある人物である。

新出（しんで）　新出と新庭はよく似ている。新田開発などで新たに家が建ち集落が分出したことを示しているのではないか。そして、二か所を区別するために文字を変えて表現したものであろう。

竹二坊庚申塔

新庭（しんてい）　新出参照。

下（しも）　上と中がないが、中郷という地名があるから、それに対する下ということか。

下耕地（しもこうち）　下の地区の耕地ということであろう。

ここには、山王塚という富士塚があり、そばに地元出身の神道家である上平行宝山（一八五〇～一九二九）の碑が立っている。

粕沢（かすざわ）　粕沢と糟沢はもともと同じ地名だったものを、二地区に分けたとき区別するために文字を変えたものであろう。
カスはカシの転で、樫の木が多い沢か。または、カスは水はけのよい地を示し、水はけのよい沢ということかも知れない。
もう一つ考えられることは、この辺は、泥岩の崩壊した崩れやすい土壌が多いので、これをカスと呼んだのかもしれない。

糟沢（かすざわ） ここにある長沼の古い樋管には、昭和五年（一九三〇）の銘が刻まれていた。町指定文化財となっている。

新田（しんでん） 文字通り新田開発された所である。「郡村誌」ではシンダとなっている。

寺前（てらまえ） 成安寺《じょうあんじ》の前方にあたることから付いた名前である。寺の墓地には、旗本酒井氏代々の墓がある。またここには福田観音と呼ばれる、馬頭観音堂がある。堂の裏には、滑川町では最古の建長三年（一二五一）の板碑がある。また、滑川町でいちばん大きな板碑もここに立っているが、これはもと中堀にかかる橋に利用されていたものである。観音堂には、両

長沼樋管

表の算学者である小林三徳が奉納した算額もある。元治二年（一八六五）のものであり、これも町指定の文化財になっている。和算の問題と答えが書かれている。他に、甲源一刀流高橋

建長板碑（上写真）
町内最大の板碑（左写真）

成安寺馬頭観音堂

三五郎一之の額（明治三年）と、弓術矢沢流の額がある。また、教育者であり、福田村村長でもあった栗原靄山の寿蔵碑も立っている。南方には、天台宗の普光寺があったが、廃寺となり今は石仏類が残るだけである。

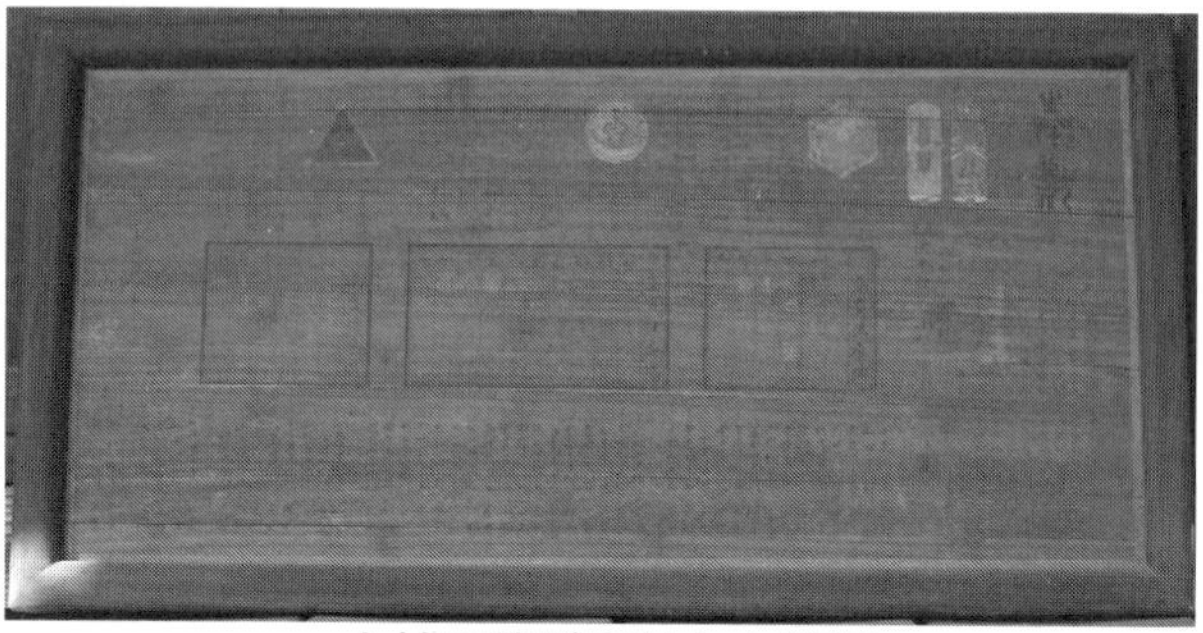

小林三徳が奉納した算額

栗原靄山寿碑

山際（やまぎわ）　丘陵の東斜面の集落をさしている。山の頂上近くにある集落という意味で付けられたと考える。

千代鹿山（ちよかやま）　方言でチョッカ、チョッケンが頂上を意味する場合があるから、尾根のいちばん高い所をさしているのだろう。

小性前（こしょうまえ）　小性と古性も粕沢と同じように元来同じであったものを区別する必要が生じたときに文字を変えて作られたのであると思う。意味は小塩で、小さく細長い谷であろう。小性は小姓とも書く。

小性（こしょう）　小性前参照。

古性（こしょう）　ここには、福田村の領主であった旗本の酒井氏の陣屋があった。文禄二年（一五九三）から天保一四年（一八四三）までの二五〇年間の陣屋である。規模は、東西五五間（一〇〇メートル）、南北五九間（一〇七メートル）であったという。北側に陣屋・西に接して堀の内という屋号が残っている。古性を古姓とも書く。

旗本酒井氏墓地

西ケ谷戸（にしがやと）　西側の谷戸ということか。
大沼（おおぬま）　福田大沼という沼がある所で、言葉のとおり、大きな沼ということである。一九五五年、樋の付け替えをしたとき、天保三年（一八三二）銘の樋管が出たという。
桑木谷（くわぎやつ）　桑木ともいう。桑の木が生えていたのかもしれないが、クワはクエの変化した可能性もある。クエは崩れるの意味であるから、斜面が崩れた谷ということか。
ここには、古代の窯跡があったというが、現在は確認できない。ゴルフ場になってしまったもようである。ここの坂をネバ坂といい、粘土が出る。
芝山（しばやま）　燃料の枝や薪を採る山であろう。なお、和泉の柴山は区別しやすいように文字表記を変えたのではないか。
中山（なかやま）　中の方にある山であろう。東に、山城沼・新沼があり、西に長沼・西沼がある。山城沼と長沼の間に、土塁と空堀があったと伝えられるが、今はゴルフ場になっていて、わからない。城館跡の可能性が高い。
矢崎（やざき）　ヤはイワ、ユワのことで、岩山が突き出た所を意味していよう。
分山（ぶんやま）　ブンヤマと発音する。中郷と下の境目がこの付近に想定されるから、両者を分ける山という意味合いではないか。
栗谷（くりや）　クリヤツということもある。クリとは刳り貫くの刳りで、抉られたとか削り取られたような地形に着目して付けられた地名ではないかと思う。

城裏口沼の北の尾根には、中心に一基、そのまわりを環状に八基の古墳が囲む、栗谷古墳群がある。横穴式石室をもつ後期の群集墳と思われるが、古墳群造営の単位を考えるのに貴重な資料となる遺跡である。

分山谷（ぶんやまやつ）　ここから小字妻前にかけての切通しに玉ねぎ状風化の岩石が見える。

中郷（なかごう）　中郷はあっても、上郷と下郷はない。たぶんある時代までは、三つの地名がそろっていたのではなかろうか。下という地名がその名残かも知れない。

ここには、真福寺がある。この寺には鰐口が伝えられており、明応四年（一四九五）の銘がある。町指定文化財である。銘文は、「奉寄進武州比企郡福田郷別所真福寺鰐口明応四年乙卯正月十八日檀那同所四郎太郎」となっている。この鰐口は、天保八年（一八三七）に現在の神奈川県寒川町岡田の観護寺で掘り出され、銘文の地名をたよりに、翌年、福田村に返還されたという稀有な遍歴をもつ鰐口である。これは、忍城主成田氏に属したという南一揆二十三騎の上山（神山）氏や石川氏が、小田原方面の戦に参加したとき、菩提寺である真福寺の鰐口を陣鐘として携行し、相州の地で戦死したため、遺体とともに埋葬されたものが、江戸時代にいたり掘り出されたものと推定されている。神山家の伝えでは、永禄三年（一五六〇）、上杉謙信の小田原北条氏攻めの戦いのときとされている。福田の馬場にある番場七観音碑文（享保一七年）では、小高大和守義俊は、永禄三年に上杉輝虎の小田原陣で討死したとなっている。神山氏も同じ戦で討死したと考えてよいだろう。

享保二一年（一七三六）と明和六年（一七六九）の庚申塔では、中福田村の表記があるが、中郷のあたりを指しているらしい。

上中郷（かみなかごう）　中郷の北西である。下中郷は、俗称で使われていて、中郷の南東である。

金子西（かねこしに）　カナ・カニは、削る・崩れるという意味があり、金子は崩れやすい地形をいったものか。または、鉄分の多い土質を表したものかもしれない。

湯谷（ゆや）　鉱泉が湧いたためにできた地名である。「大日本国誌武蔵国」には、鉱泉

湯谷の文永板碑

番場七観音碑文

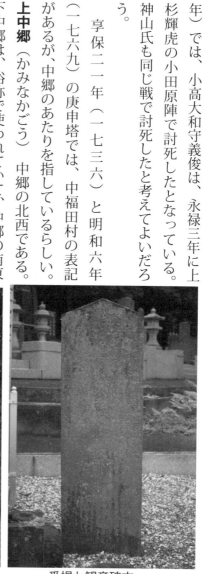

の温度が華氏五三度、「福田村郷土誌」には六〇度足らずとある。摂氏では、一二～一五度である。薬師の湯というと伝えられる。

なお、ここには文永八年（一二七一）の板碑があり、町指定文化財である。

金子（かねこ）　金子西参照。

新谷前（にいやまえ）　新谷ともいう。ニイヤとは新家ということで新たに分家に出た家のあるところをさしたものであろう。分付百姓から独立して本百姓になった家をさす場合も考えられる。

棒山（ぼうやま）　棒にする木をとる山か、または坊つまり堂や庵があった山のどちらかと思われる。なお、防山という地名が足立郡中新井村と上生出塚村にあり、関連があるかもしれない。

馬場裡（ばんばうら）　馬場裏とも書く。馬場は中世武士が馬術の訓練をした場所か。馬場には、乗馬の練習場の意味もあるが、神社の参道という場合もある。また、崖の意味もある。いずれかであろう。

馬場（ばんば）　ここには小高氏館跡といわれるものがある。忍城主成田氏に従ったという南一揆二十三騎の一人である小高大和守の子孫を称する旗本小高助親が建てた享保一七年（一七三二）の顕彰碑がある。番場七観音碑文という。

馬場前（ばんばまえ）　馬場参照。

妻前（つままえ）　ツマは、いちばん奥、隅のような意味と考えられるので、その手前ということで付いた名前か。寛政一二年（一八〇〇）の庚申塔では、妻谷・山谷という表現が見える。妻前と小川谷山のことらしい。

小川谷（おがわやつ）　谷の中を小川が流れていることを表現したものであろう。

小川谷東（おがわやつひがし）　小川谷の東である。

小川谷山（おがわやつやま）　明治九年（一八七六）ころの地租改正時の地図では、小川谷西となっている。谷の下にある南谷沼では、樋管が付け替えられたとき、寛政（一七八九〜一八〇一）の年号（四年？）が刻まれていたことがわかった。樋管は町指定文化財である。

生頭（なまがしら）　山田大沼の一番奥にあたり、福田と山田の境界になっている。生頭は谷に付いた名前だが、谷の上の尾根に、小さな塚が九基並んでいる。耕作に四基＋三基、小川谷東に二基で、計九基である。これらの塚は十三塚とは考えにくく、合戦で死んだ者を埋葬したものである可能性がある。

憶測するに、中世の戦乱が付近であったときに、落武者などがこの谷で自害し、その遺体を近くの住民が九つの塚に葬ったのかも知れない。また、この塚群の東約七〇〇メートルの所にも、塚が二基あった（小字は梨ノ木山）。これは工事で破壊された。

ところで、土塩の長坂の上には生首八幡が祀られていた。南カベ沼（蓮沼）の西上であるが、今は中耕地に移転している。昔、殺されて沼に捨てられた人がいたため、それを祀ったのが生首八幡だという。ナマガシラとナマクビはよく似ていて、意味は同じである。同じ事件が元になってできた地名かもしれない。生首八幡の元の位置近くには、塚が一基ある。古墳の可能性もあろう。

また、「鎌倉大草紙」巻三永享一二年（一四四〇）七月四日の項に、一色伊予守が荒川を越え村岡河原まで攻めるも上杉憲信（性順）等に敗北するという記事がある。原文は「伊予守是を見て、すはや敵ハ引けるぞや、いずく迄も追かけて討とれ、者共とて、荒河を馳渡し、村岡河原に打上る、…性順・景仲ハ只一手に成て、魚鱗に連て、荒手を先にたて、蜘手・十文字に掛破りしかバ、伊予守忽に打負、一辺しも返さず、手負をも助けんともせず、親子の討るるをも不顧、物具を捨て、小江山まて引退く、夫より散々に成て落行ける」となっている。これは、鎌倉公方足利持氏の遺児をめぐる結城合戦に関連する戦いの記事である。ここに出てくる「小江山」が、山田の追山

生首八幡

生頭西の塚

ではないかと「滑川村史」が指摘している。このときの落武者が、生頭や生首に関係しているのではないかと思えてならない。生首八幡の元の所在地と、生頭上の九基の塚の間は、約四〇〇メートルである。この間にも二基の塚がある。これら一一基の塚のいくつかは小円墳の可能性もあるが、みな伝鎌倉街道に沿って存在している。なお、追山と生頭の間の距離はおよそ一・三キロである。

耕作（こうざく）　こうさくともいう。耕地のことか。

富士根（ふじね）　根は峰のことで、富士のように形の良い山というほどの意味であろう。頂上に浅間神社が祀られている。大蔵合戦で敗れた帯刀先生源義賢ゆかりの神社と伝えられる。かつてこの神社の社殿の前から、鰐口が発掘された。鰐口には、「奉納武州比企郡福田郷阿芽洲大明神鰐一口　宝徳二年庚午十二月下旬資平敬白世見之」という銘が刻まれている。これは、もとはこの神社の西にある淡洲神社に奉納されたものが浅間神社に移されたと考えられている。宝徳二年（一四五〇）は福田という地名の初見である。阿芽洲の芽は、牙＝歯で、アハスと読むのだろう。

狢谷（むじなやつ）　ムジナはふつうは、アナグマをさしていうが、タヌキのこともこう呼ぶ。どちらかがいた谷である。

稲荷前（いなりまえ）　稲荷様の前のことであろう。

亀ケ入（かめがいり）　イリは谷のことであるが、亀の意味がよく分からない。亀がいたのかも知れない。あるいは、焼き物の甕が出土する事があるのかもしれない。亀さんという人物が酔って落ちたからという話もあるがいかがなものか。

天神前（てんじんまえ）　天神様の前ということであろう。

中在家裡（なかざいけうら）　裡は裏とも書く。在家とは、中世の百姓の住家と土地がひとまとまりのものとして把握されたものをさす。田畑とそこを耕作する住民が課税の対象や財産と見なされたわけである。中在家とは、そのような在家がいくつか並んでいた場合の中ほどのものをさして言ったものであろう。しかし、上・下の在家名は残っていない。ここには、板碑も多く中世に村落が展開していたことを反映している。

　ここの南西斜面に、古墳時代の横穴が一基開口している。周辺にさらに二〇基以上が埋まっているものと推定されている。天神山横穴群で、県指定史跡である。吉見百穴とほぼ同じころのものである。

天神山横穴群

中在家（なかざいけ）　中在家裡参照。

南在家（みなみざいけ）　中在家裡参照。

中在家山（なかざいけやま）　中在家裡参照。

湯谷山（ゆややま）　鉱泉が湧いていたことによる地名である。

　この丘陵の斜面には、アジア・太平洋戦争末期に軍事用の地下壕（トンネル）の建設が行われたが、未完成に終わった。坑口は二五か所あったが、今も一部が残っている。立川航空廠の飛行機部品の格納と組み立てが予定されていたという。

湯谷山地下壕（1985 年当時・上写真）
湯谷山地下壕遠景（1985 年当時・下写真）

上湯谷（かみゆや）　湯谷山参照。

谷在家（やつざいけ）　中在家裡参照。

榎（えのき）　榎の生えた山

だったのだろうか。

山中（やまなか）　福田と土塩の境の山、どちらから見ても山の中である。

円正寺裡（えんしょうじうら）　円正寺という名の寺院が存在したことが考えられるが、記録がないので何ともいえないのが現状である。宝暦一三年（一七六三）の石仏では延正寺になっている。

ここには、敗戦間近の一九四五年に、小原飛行場（旧江南町）関係の半地下式兵舎が作られたが、その痕跡が残っている。

北ノ原（きたのはら）　集落から見て北にある原である。ここには、小型の前方後円墳が一基ある。円正寺古墳群こまがた一号墳で、町指定史跡である。

大久保（おおくぼ）　大きな窪地か。

円正寺（えんしょうじ）　円正寺裡参照。

新後（しんご）　新吾などの人名が地名になったものか。シンコには、芯・中央の意味があり、その可能性があるかもしれない。

石山（いしやま）　凝灰岩の岩盤があるので、石山になったのではないか。古代の窯跡があるという話があるが、不詳である。

高根（たかね）　根はやはり峰、山の意で、旧福田村では最も高い山であるからこのような名前が付けられたのであろう。

高根前（たかねまえ）　高根参照。

三軒新田（さんげんしんでん）　資料はないが、新田が開かれ、最初に三軒の農家が住み着いた場合が想定できそうである。

2　山田小字

甲追山（こうおいやま）　後ろに山を負う所ということか、または、細長い大きな江（谷）が入り込む山で、大江山↓小江山↓追山となったか。昔、追っ手に追われた人々が住み着いたので追山というとの説もある。福田の生頭の項参照。

乙追山（おつおいやま）　甲追山参照。甲乙は追山を二つに分けるために付けたものである。

　ここの東斜面には、自然石を祀った薬師様が

追山薬師

山田

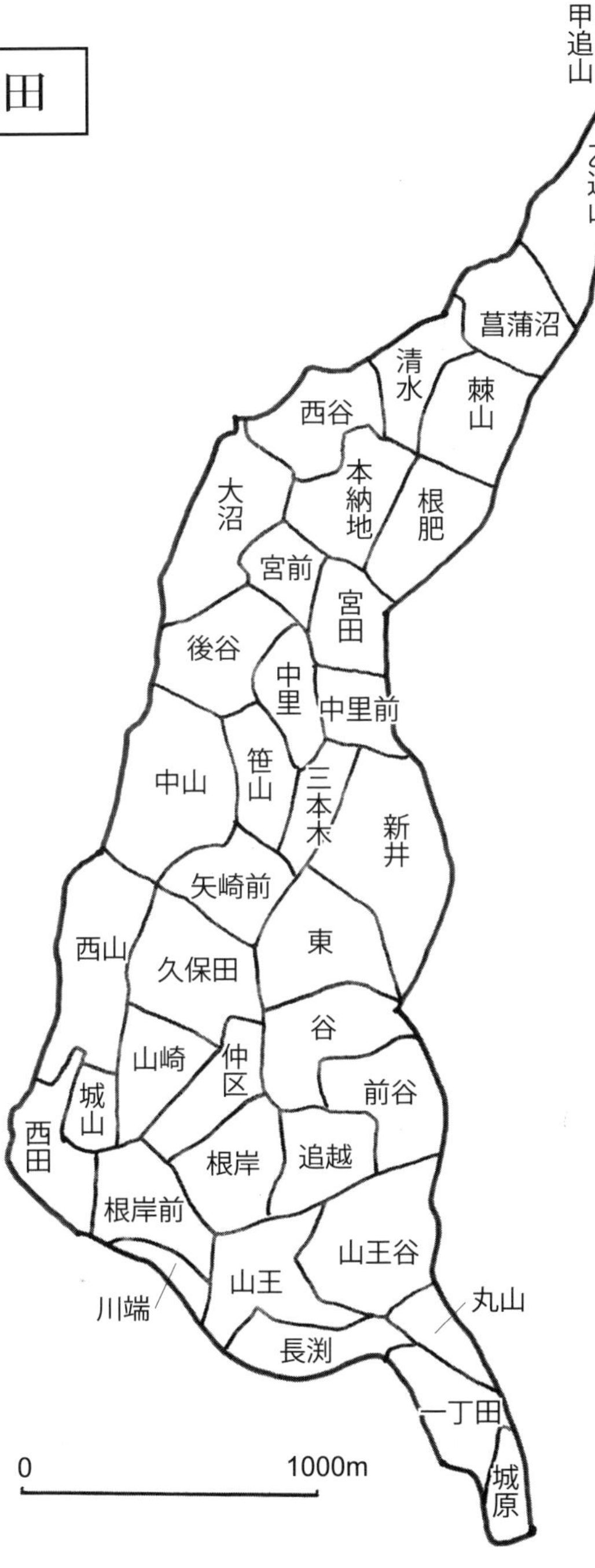
甲追山
乙追山
菖蒲沼
清水
棘山
西谷
本納地
根肥
大沼
宮前
宮田
後谷
中里
中里前
中山
笹山
三本木
新井
矢崎前
西山
久保田
東
谷
山崎
仲区
前谷
城山
西田
根岸
追越
根岸前
山王谷
山王
川端
丸山
長渕
一丁田
城原
0
1000m

ある。地上高一三五センチ・幅六〇センチ・厚さ四五センチで、凝灰質砂岩の立石である。そばには、各辺が三〇～四〇センチの同質の岩石と扁平な川原石・緑泥片岩片も見られる。以上を総合すると、これは東向き斜面に作られた古墳の石室石材ではないかと考えられる。立石は石室の奥壁か天井石であろう。付近には追山古墳群があり、そのなかの一基と考えて差し支えない。

菖蒲沼（しょうぶぬま）　菖蒲が生えた沼があるということであろう。この東は、道路をはさんで東松山市であるが、そこには円形に一二基、中心に一基、合計一三基の塚がある。村境の十三塚と思われるが、福田生頭で述べた落武者の塚の可能性も否定しきれない。

清水（しみず）　泉がわいたための地名であろう。

棘山（ばらやま）　バラヤマであるから、ノバラが多かったのかと思われる。

根肥（ねごい）　根処居で、山裾に集落がある様子を示したものと思われる。または、丘陵の根本を通り東側の谷に抜ける道があったので、山の根を越えて通る所という意味かもしれない。

本納地（ほんのうち）　何か年貢の納め方に関係があるかとも考えたが、結局、堀の内のことではないかと思う。山田には、丘陵すその斜面をコの字型に削り、土塁・空堀で囲んで屋敷地を造成したものがいくつか見られる。こういう屋敷を堀の内と呼んだものであろう。伊奈町にも、堀の内のことをホンノウチと呼ぶ屋号がある。

西谷（にしやつ）　集落の西の方にある谷である。

大沼（おおぬま）「滑川村史」では、入沼となっているが、大沼の間違いであろう。山田大沼のことである。沼の東に奈良・平安時代の大沼遺跡があった。住居跡や小型の瓦が発掘された。小さい仏堂のようなものが立っていたのだろう。沼の周囲には須恵器が散布していたから、沼を取り囲むように集落があったものと推定できる。沼の北側の丘陵上から布目瓦が採集されたのが、弁才天遺跡である。この瓦は、普通の大きさであった。

なお、下沼の堤の西に天王様が祀られていたというが、明治一七年（一八八四）測量の迅速図に神社の記号があるのがこれであろう。

宮前（みやまえ）　淡洲神社の前ということである。

宮田（みやた）　神社の費用を出す社有地の意味であろう。

中里前（なかざとまえ）　上山田・下山田という分け方があるから、中里は中央の集落をさしているのだろう。その前である。

ここの西斜面の路傍に、自然石を祀った所がある。地上高五〇センチ・長さ八三センチ・厚さ三〇センチの凝灰質砂岩である。向って左に一個、右に二個の同質で、各辺三〇センチくらいの岩が接している。一メートルほど手前の左右に各一個のやはり同質の岩石がある。地上高一三センチ・各辺五五センチほどである（この二個には後刻の円形の穴が彫られている）。正面の最も大きな石の一面は少し湾曲している。これらの特徴から、これは胴張型横穴式石室の残骸ではないかと思われる。

中里（なかざと）　山田の中央の集落ということであろう。

後谷（うしろやつ）　集落から見て後ろの方にある谷である。

中山（なかやま）　中央にある山である。ここには、古墳がいくつかあるが、一基は前方後円墳の可能性がある。

笹山（ささやま）　笹、篠の多い山であろう。

三本木（さんぼんぎ）　三本の木が立っていたのだろう。

新井（あらい）　湧水が多い場所なのであろう。新井沼がある。

東（ひがし）　集落の東の方を呼んだものと思われる。

矢崎前（やざきまえ）　ヤはユワつまり岩で、岩山が突き出た所が矢崎、その前が矢崎前である。

久保田（くぼた）　まわりより低い田であろうか。寺沼の谷が入り込んでいる。ここには、寺沼を囲むように土塁と空堀がめぐっており、東北の隅には小さな平場（郭）がある。山崎城と呼ばれている。そばの山道は鎌倉街道と伝承されている。「風土記稿」に見える天台宗の東光寺は、ここにあったが、今は墓地と薬師堂が残るだけである。

谷（やつ）　文字の通り谷である。丘陵上には谷城がある。段築と土塁・空堀が残る。ここには観音堂があって、谷津堂または谷観音といい、比企西国三十三番観音霊場の三十二番になっていた。かつて多くの巡礼が訪れた場所とは信じられないくらい今はさびしい所である。比企西国三十三番観音霊場とは、東松山市観蔵寺から萱谷堂までの観音で、東松山・吉見・川島・滑川・嵐山・小川の各市町に及ぶもので、享保八年（一七二三）に創設されたものである。

前谷（まえやつ）　字の通り前の谷である。

谷城跡

谷津堂

追越（おっこし）　オッコシという。これは羽尾の打越でも述べるように、丘陵を越えて向こう側に行くときの道をさして名づけたものである。

根岸（ねぎし）　山、丘陵の麓に沿った土地ということである。

仲区（なかく）　水田地帯の中央という意味かと思う。

山崎（やまざき）　山、丘陵が突き出た所であろうか。現状ではそれほど突き出ているとはいえないが、城山の部分まで含めて命名されたのではなかろうか。

城山（じょうやま）　文字通り、中世の城跡である。山田城と呼ばれる。説明板には、松山城の出城であるとか、忍城成田氏の臣、贄田氏の住んだ城といわれるという説が書かれている。贄田氏は系図を伝えており、それには忍城主成田氏に仕えた南一揆二十三騎という在地武士がいて、贄田氏はその一員であったとされている。郭内は四つの部分に分けようとした意図が感じられるが、未完成とみられる。また、一部を除いて平坦ではなく、傾斜している。中央にある土塁・空堀は、現状では作成の目的がよく分からない。おそらく、守りを強化しようとしたが、完成しないまま終わったのであろう。なお、南側土塁の外に塚が二基ある。塚の性格はよくわからないが、入り口に見せかけた偽の小口（囮小口）の門跡かもしれない。森林公園造成の工事で内部を重機で削平したとき、かなりの土師器と須恵器の破片が採集できたが、中世・近世の遺物はなかった。したがって、山田城は長期間使用されたとは考えにくい。

山田城に近接して山崎城があり、田をはさんで東に谷城がある。三つも城跡が集中するのは珍しい。何か背景があるのであろう。あえて憶測すれば、忍城の成田氏に仕えた南一揆二十三騎といわれる地元の土豪たちが、豊臣秀吉の派遣した忍城攻めの軍に対応するため一度に築い

山崎城跡平場

山田城跡

たのではないか。中心部隊がこもったのが山田城、一般住民まで籠城できるように広く作ったのが山崎城、ゲリラ隊が配置されたのが谷城ではなかろうか。

西山（にしやま）　集落からみて西にある山である。

西田（にしだ）　同じく、西の方の田である。

川端（かわばた）　川のそばである。

根岸前（ねぎしまえ）　根岸参照。

山王（さんのう）　山王様が祀られていたことによる地名か。しかし、今は山王社は見当たらない。ここに阿弥陀堂があり、その前方に、地元鈴木家出身の豊濼検校が建てた、明和六年（一七六九）の宝篋印塔がある。明治一七年（一八八四）の迅速図には、阿弥陀堂ではなく、観音堂となっている。

山王谷（さんのうやつ）　山王参照。

豊濼検校宝篋印塔

丸山（まるやま）　丸い山である。

長渕（ながぶち）　今は、滑川の流れも直線的に改修されているが、かつては旧流の跡が残っていた。長い淵が続いたようすがうかがえたのである。

一丁田（いっちょうだ）　一町田とも書く。面積＋田の地名は、分配した時の田の面積であるなどといわれる。ここでは、単に、田の面積が約一町歩あったのが起源と考えておきたい。

城原（じょうはら）　城原城という城跡があったといい、伊勢神社があるから伊勢新九郎（北条早雲）に関係あるという説が「福田村郷土誌」に述べられている。しかし、城跡であるかどうかも定かでない。また今では伊勢神社も確認できない。謎の多い地名である。なお、インターネットには、城原城を山田城のすぐ東にあるように誤解した情報が流れているが、これは「埼玉の中世城館跡」という本の誤りがそのまま拡散したためと考えられる。

3　土塩小字

伊藤谷（いとうやつ）　伊藤家の田があったからという説と、糸のように細長いからという説がある。

南柿町（みなみかきまち）　カキというのは、欠ける、崩れるという意味であろう。したがって、

土塩

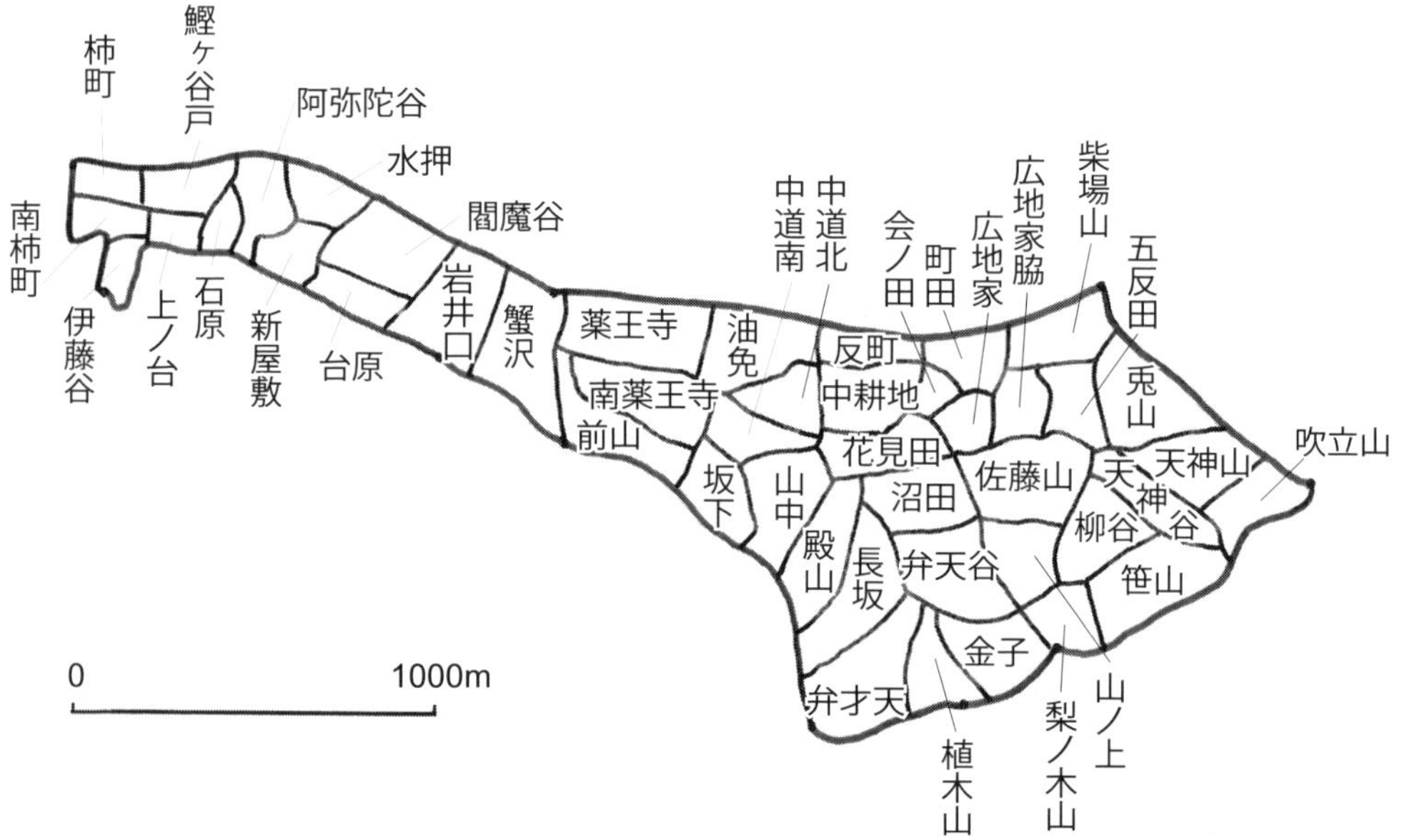
柿町
鰹ヶ谷戸
阿弥陀谷
水押
閻魔谷
南柿町
伊藤谷
上ノ台
石原
新屋敷
台原
岩井口
蟹沢
薬王寺
南薬王寺
前山
油免
中道南
中道北
会ノ田
町田
広地家
広地家脇
柴場山
五反田
反町
中耕地
兎山
花見田
佐藤山
天神山
吹立山
坂下
山中
沼田
天神谷
柳谷
殿山
長坂
弁天谷
笹山
金子
弁才天
植木山
梨ノ木山
山ノ上
0
1000m

崖に接した田という地名か。

柿町（かきまち）　南柿町参照。

鰹ケ谷戸（かつがやと）　カツは、カツモつまりマコモのことを意味しており、カツガヤトはマコモの生えた低湿地のことではないか。

石原（いしはら）　石が多い場所なのであろう。

上ノ台（うえのだい）　水田からみて一段高い場所である。

阿弥陀谷（あみだやつ）　阿弥陀様を祀った堂などがあったのだろうが、今はよく分からない。墓地の跡のようなものがあるという。

水押（みずおし）　和田川に面した場所である。洪水により押し流される所を示したものであろう。

新屋敷（あらやしき）　新しい屋敷ができた所であろう。分家のことをいう場合もある。

台原（だいはら）　一段高い台地上の原である。

閻魔谷（えんまやつ）　閻魔様が祀られていたのであろうか。明治初期までエンマ堂があり、地蔵院がこれに当るという。

岩井口（いわいぐち）　閻魔谷の隣であるから、祝（斎）い、つまり神仏を祀る場所ということか。

ここには、敗戦直前のころ、小原飛行場の飛行機を隠すための半地下格納庫（掩体壕）が掘られたが、今もその跡が残っている。

蟹沢（がんざ）　ガンザと発音する。蟹のいる沢でカニサワが変化したものである。旧江南町小江川にもガンザ沼がある。

薬王寺（やこうじ）　薬王寺という寺があったか、その寺の領地であったのだろう。寺院があった可能性が高いと思うが、遺跡は見つかっていない。

南薬王寺（みなみやこうじ）　薬王寺参照。

前山（まえやま）　集落から見て、前の山ということである。

坂下（さかした）　文字のとおり坂の下である。

中道南（なかみちみなみ）　土塩中を東西に通る道を中道といったのであろう。その南である。

中道北（なかみちきた）　中道南参照。

油免（あぶらめん）　寺院などの灯明料に充てるため年貢が免除された田のことであろう。そうすると、薬王寺が近くにあったことの証拠か。

反町（そりまち）　ソリマチには、山の中なら、焼畑の意味があるが、ここでは畦が反った、湾曲した田ということと考えられる。反るを立体的にとらえれば、高低差、つまり傾斜のある田かもしれない。町は田畑の区画のことである。

なお、町のつく地名を、街があった繁華な場所と考えたり、条里制によるものとする向きがあるが、安易に過ぎるように思われる。

中耕地（なかこうち）　耕地の中ほどということであろう。

会ノ田（あいのた）　アイノタは、川の跡が田になった場所をさす。和田川が蛇行していた時代の跡が水田になったものだろう。

花見田（はなみだ）　ハナはハニ即ち粘土質の土のことであるので、粘質土壌の田ということであろうか。

山中（やまなか）　集落の南に山が広がる所である。ここには明昌（照）寺がある。

殿山（とのやま）　殿の山、つまり旗本など領主の御林のことか。

長坂（ながさか）　言葉のとおり長い坂である。昔はこの坂の上に生首八幡があった。

沼田（ぬまた）　沼のように深い田ということかと思われる。

弁天谷（べんてんやつ）　弁才天とともに、弁天を水神として祀った祠か社があったのであろう。

弁才天（べんざいてん）　弁財天とも表記する。弁才天を祀った場所であろう。布目瓦が採集されたことがある。寺か堂のあった可能性がある。

植木山（うえきやま）　植木を植えた又は採った山ということか。

金子（かねこ）　福田の金子で書いた通りである。

梨ノ木山（なしのきやま）　梨の野生種であるヤマナシかアオナシが生育していたためにで

きた地名か。

山ノ上（やまのうえ）　山、丘陵の上の方である。

佐藤山（さとうやま）　佐藤氏の山ということであろうか。

広地家脇（こうじやわき）　コウジヤについては、麹屋があったという話は聞かないので、耕地谷・小路谷・庚申家などが考えられる。耕地に面した小さな谷を表現したものかもしれない。地元の贄田春吉氏（現八五歳）によると、広地家には水田がなく、畑が広がっている様子を言ったものではないかという。広地野あるいは耕地野というような意味合いである。

なお、韮塚一三郎氏は、コウジは、オギョウ（ハハコグサ）のことで、その花が糀に似ているから、それが生えていることによる地名としている。

広地家（こうじや）　ここには、広地家稲荷が祀られている。社前の石灯篭に、「寛政十一己未天」「西山重右衛門」とあり、領主（旗本）の西山氏が奉納したものである。重右衛門は、「寛政

広地家稲荷灯篭

重修諸家譜」の昌直のことと思われる。寛政十一年は一七九九年である。

町田（まちだ）　町は、田畑の区画をさすから、これは田のひとまとまりをいうのであろう。正方形の田のことだろうか。

柴場山（しばやま）　シバ、つまり燃料の薪や小枝を採った山であろう。

五反田（ごたんだ）　五反の面積の田があったためにできた地名だろう。

兎山（うさぎやま）　ノウサギを捕った山ということか。あるいは、元は免山だったのかも知れない。この場合は、一定の課役の代わりに年貢が免除された山ということであろう。

天神谷（てんじんやつ）　天神様が祀られていたのだろうが、今はないようだ。

柳谷（やなぎやつ）　柳の多い谷ということであろう。

笹山（ささやま）　笹、篠の多い山か。

吹立山（ふきだてやま）　フキはホキであり、崖のことかと思われ、崖の切り立った山ということか。

天神山（てんじんやま）　天神を祀った山であろう。

4 和泉小字（↓大字地図七九頁）

柴山（しばやま）　薪や燃料の枝を採取した山である。ここには泉蔵院という修験があったというが、今は何も残っていないようである。

柴山前（しばやままえ）　柴山の集落から見て前である。

矢中（やなか）　谷中で、低地のことだろう。

前船川（まえふねがわ）　フネは谷を表すので、船のような細長い谷のことかもしれない。また、フネはクネまたはウネで、丘陵、丘を意味していると考えられる場合もあり、それなら丘陵の側ということであろう。

向（むかい）　集落から見て向かい側という意味であろう。

後船川（うしろふねがわ）　前船川参照。

向船川（むかいふねがわ）　前船川参照。

高原（たかはら）　周囲より一段高い尾根をさしたものか。

松原（まつばら）　松の生えた原ということであろう。

後台（うしろだい）　集落の後ろの高台である。

峯（みね）　丘陵の頂上付近である。

船川（ふねがわ）　前船川参照。

山崎（やまざき）　山が突き出た所であろう。

曲本（まがりもと）　滑川の流れが急に曲がっている部分をさしていったものではないか。「風土記稿」に載る円福寺はここにあったが、今は何も残っていない。

畠中（はたけなか）　畑中と書くこともある。畑の広がった中央ということか。「郡村誌」ではハタナカになっている。

畠中前（はたけなかまえ）　畠中の集落から見て前である。

東耕地（ひがしこうち）　東の方の耕地である。

陣場（じんば）　陣場と書かれることもある。館跡があったことから、軍勢が陣を張った所という言い伝えでもあったのだろう。なお、陣馬沼の水は、軍馬の飲み水に供したという伝えがある。

後谷（うしろやつ）　集落から見て後ろの谷である。

堀込（ほりごめ）　堀や土塁があったことを示しているのではなかろうか。

富山（とみやま）　まわりより高くなっているから、遠見山の意味かも知れない。

三門（みかど）　三門には、三門館と呼ばれる中世の館跡がある。西側には、東に開いたコの字型の堀と土塁を置き、これに向きあうように東側にも土塁と空堀があったようだが、東側と南西部は、今は不明確である。谷の奥側には、池田という所があり、昔は池であったらしい。堀の名残かと思われる。「吾妻鏡」建久四年二月十日の項に、「毛呂太郎季綱蒙勧賞。武蔵国泉勝田。御閑居于豆州之時。下部等有不堪事。牢籠于季綱辺。季綱殊成恐惶之思。加扶持。送進豆州之間。単孤之今。此労者可必報謝之由。被思食云々」とある。建久四年は、一一九三年である。これによれば、源頼朝が伊豆に流されていたとき、下部らをあずかり頼朝に尽くした毛呂季綱に恩賞として、泉勝田の地が与えられたというのである。比企郡の和泉と勝田であると考えてよい。そのため、この地を管理するために、毛呂氏はだれかをここに住まわせたはずで、その館跡が三門館と考えられる。ミカドとは、御門の意で、高貴な人が住んだことを伝える地名なのであろう。毛呂氏は、関白藤原氏の系統というから、そのためにこのような呼び方ができたものと思われる。

また、館跡の一画にゴショ天神という小祠があり、御所の五郎丸が住んだとの伝説がある。ゴショという呼び名は有力武士や高貴な人物とされた者の館跡につくことがある

三門館跡（写真中央）

から、ここでもそのような伝承があったのであろう。ミカドとゴショは同じような意味の一種の敬称といえよう。旧川本町（現深谷市）にある畠山重忠館跡近くの井椋神社は五所宮と呼ばれるというが、同様な例であろう。

西方の泉福寺には、大きな板碑があるが、これは三門館跡に住んだ毛呂氏にかかわるものと推定される。上部と下部が折れ、剥離も進んで解読は非常に難しいが、私は、次のように刻まれていたものと復原している。

竊以関白清慎公実於六代孫…
右…
丁亥弘安第十暦□月二十日…
為…
爰総伝字代々祖廟青節□□提作善…

弘安一〇年は一二八七年である。毛呂氏は、関白藤原実頼（清慎公）の子孫であるとされ、ここにはその系譜をひく毛呂季綱の子孫が祖廟を守ってきたことが書かれているようである。残念ながら、下部が失われていて全貌を知ることができない。

泉福寺弘安板碑

なお、「滑川村史」は、これを元弘三年としているが、誤りである。

地元出身の斉藤喜久江・和枝両氏は、「比企遠宗の館跡」で、三門館跡と比企氏とのかかわりを論じている。私は、右のように毛呂氏が住んだものと考えているが、毛呂氏が来る前に、比企氏がここにいた可能性は否定できないと思う。しかし、その解明には、まだ資料が不足しているようである。

なお、御門という地名は、県内に他に七か所ある。

牛窪（うしくぼ）　内窪で、谷の奥まった所か。

東富士塚（ひがしふじづか）　和泉の北部、旧江南町との境に近く、富士塚がある。周辺には古墳群があるから、これも古墳を利用した富士塚かも知れない。

富士塚（ふじづか）　東富士塚参照。

西富士塚（にしふじづか）　東富士塚参照。

大入（おおいり）　イリは谷のことであるから、大きな、長い谷という特徴を表しているのであろう。

丸山（まるやま）　丸い山という、形を表したものか。

猫ケ谷（ねこがやつ）　丘陵の裾、麓をネと呼んだものかと

富士塚

も思うがよく分からない。ネコは根際の谷か。

八垣（やがき）　ここにある八宮神社の祭神、素戔嗚尊にちなんで、「八雲立つ出雲八重垣妻込めに」の歌から、八垣となったという。垣とは、三門館跡の空堀や土塁のことをいったのかもしれない。

西耕地（にしこうち）　東耕地に対応した西の耕地である。

勝窪（かつくぼ）　土塩の鰹ケ谷戸で述べたように、カツはカツマ・カツモ・カツミと同じで、真菰のことで、マコモが生える窪地、湿地という意味だろう。

ここに泉福寺がある。阿弥陀如来は、国の重要文化財に指定されている。脇侍の観音菩薩・勢至菩薩は県指定文化財である。泉福寺の裏には、土塁・空堀・平場があり、館跡の可能性もある。三門館跡と一連のものと考えるべきかもしれない。

墓地には、板碑のほか、僧で寺子屋師匠の寺山啓（一八〇五～一八七九）の墓がある。

なお、阿弥陀如来像には、胎内銘があるが、「風土記稿」の文は誤りが多い。「滑川村史通史編」が正しいが、参考までにここに再録しておきたい。

建長六年大歳甲寅五月七日執筆成永
奉修覆泉福寺応身阿弥陀如来像一体
同観音勢至菩薩像各二体

右志者先考幽妣聖霊滅罪生善
往生極楽爰大施主等為現生安穏
後生浄土所奉修覆如件
大檀那沙弥西願同御芳縁源氏
所生君達　院主阿乗坊阿闍梨
仏子定生房　漆工十郎入道
結縁衆　弥五郎入道　成律房弥二郎入道

西浦（にしうら）　村の西のはずれということか。

阿弥陀如来坐像と
観音菩薩及び勢至菩薩の脇侍像
（比企郡滑川町教育委員会提供）

5　菅田小字 （↓大字地図七九頁）

四反田（よんたんだ）　四反の広さがある田ということでよいだろう。

新沼谷（しんぬまやつ）　新沼は新しい沼ということだが、沼の作られた年代や順序はなかなか分からない。新しい方の沼のある谷ということである。

前谷（まえやつ）　集落の南の谷をさしたものであろう。

向（むかい）　集落から見て向かい側ということであろう。

下田（しもだ）　菅田のいちばん南、つまり下流側の田という意味であると思う。

龍毛（りゅうげ）　ここは、飛地になっていて、和泉の滑川沿いの所である。リュウゲは流下の意味ではないかと思う。滑川の河床に小さな段差があって少し流れが速い場所を表しているのではないか。

なお、菅田の小字には他の地区に比べて一つ特徴がある。それは、「武蔵国郡村誌」に載っている小字と現行の小字が違っていることである。おそらく、明治初期の地租改正のときに、小字を統一した際に変えたものであろう。新沼谷は変わっていないが、他はつぎのとおり変化している。庄助↓四反田、峯↓前谷、大院↓向、田島↓下田である。理由はわからない。

大院というのは、神社のことを言っているのであろうか。

6　伊古小字（↓大字地図七九頁）

弥平松（やへいまつ）　人名が土地に付いたものであろう。

眺望里（ちょうぼり）　漢字をみると何か風流な感じがするが、私は長堀、または長保井のことではないかと思う。前述のようにこのあたりには、滑川の旧流路が水田の中に残り細長い沼のようになっていて、ボイ（保井）と呼ばれていた。これは、明治の迅速測図によって、約三〇〇メートルの長さがある細い沼であることが読み取れる。

郭（くるわ）　郭とは、集落の一区画をいう言葉であろうと思われる。なお、大久保家の前には、寺子屋師匠の大久保福郷・福恭・福清の筆塚碑がある。

堺外戸（さかいがいと）　永仁六年六月三日藤原某譲状写（一二九八年）と呼ばれる鎌倉時代の古文書に、「さかやかきうち」という地名が出てくる。サカイガイトとよく似ているので、私は同じ場所をさしたものと考えている。近世の文書には、酒井ケ谷戸・境ケ谷戸・堺ケ谷戸などと出てくる。

平（たいら）　水田の広がる平らな地形である。

田尻（たじり）　福田村と伊古村の境に当るから、自分の村の田のいちばん端、尻ということか。

旧田尻橋は、町指定の文化財である。

北原（きたはら）　北の平らな原である。

鍛冶谷（かじやつ）　鍛冶屋があったのかと思われるがよく分からない。カジは傾ぐの意味から、

大久保氏筆塚碑

崩れた斜面の意味かも知れない。

麓（ふもと）　二ノ宮山の麓という意味であろう。ここには東覚院がある。「風土記稿」では本山修験となっている。

居合（いあい）　居の付く地名は、人が住んでいる場所ということかと思われる。

郷社後（ごうしゃあと）　伊古神社が郷社になった明治六年（一八七三）ころに付いた地名であろう。伊古神社は、平安時代の延喜式神名帳に、伊古速御玉比売神社として名前がでている。国家から幣帛をうける重要な神社で、比企郡ではここだけである。なお、社叢は、暖帯常緑樹と温帯常緑樹が同一地に繁茂するとして、県指定の天然記念物になっている。また、この神社の幟は、勝海舟が明治一四年（一八八一）に書いたもので、長さが一一メートルもある。これも町指定の文化財である。また、拝殿内に掛る題額の「速御玉比売神社」の文字は、折衷派の儒学者、亀田鵬斎（一七五二～一八二六）の書である。境内には、芭蕉句碑（春もやゝ気色とゝのふ月と梅）や竹二坊の雨乞いの碑がある。

また、円光寺の薬師堂は、中武蔵七十二寅薬師の七十一番になっている。この七十二薬師というのは、安永五年（一七七六）に定められたもので、坂戸市戸口の龍福寺から滑川町中尾の慶徳寺までの七二か所である。範囲は、坂戸・毛呂山・鶴ヶ島・川越・川島・東松山・吉見・滑川の各市町に及んでいる。

芭蕉句碑（伊古神社・上写真）
伊古神社題額（亀田鵬斎筆・左写真）

円光寺薬師堂

郷社前（ごうしゃまえ）　伊古神社の前である。明治一七年（一八八四）の迅速図によると、次項の八幡神社は、元はここにあったようである。

的場（まとば）　流鏑馬などの弓を射る神事の行われた場所であろう。「比企郡神社誌」には、伊古神社境内社八幡神社について、「祭日には的を射る祭事の行はれしことは、今も残る的場の地名が物語る」とある。

台田嶺（だいたみね）　代田の奥にある峰、山である。

山田谷（やまだやつ）　山田とは、山あいの田ということで谷水田をさしているのだろう。

山田（やまだ）　山田谷参照。

逆沼谷（さかさぬまやつ）　北側に田を持つ人が水路を掘って逆方向に水を流したためにこう呼ばれたという。

柳沢（やなぎさわ）　柳の生えた沢でよいだろう。

新沼谷（しんぬまやつ）　新しい沼のある谷である。

二ノ宮山（にのみやさん）　ニノミヤマともいう。これは、モノミヤマ（物見山）の変化した可能性があると思う。二ノ宮という地名から、武蔵二ノ宮は金鑽神社ではなく、ここの伊古速御玉比売神社であるとする説があるが、物見山が元の地名であれば、この説は否定されることになる。

巌山（いわやま）　岩山のことで、岩盤が露出していたか、浅いためにできた地名であろう。

高山沢（たかやまざわ）　二ノ宮山の西に接する深い谷の沢である。沢の両側の高い斜面を表しているのだろう。

大平（おおひら）　山の頂上に平らな部分が広がる場所である。

小山（こやま）　小さい山ではないが、東側の尾根に比べれば、一段低くなっている。

「滑川村史」ではオヤマとなっている。オヤマなら、御山の意味で使われていると考える。西側には弁天沼があるので、弁天様のオヤマということかも知れない。

または、領主の御林、直轄林であった時代も想定されるが、判然としない。

二ノ宮山

和泉・菅田・伊古

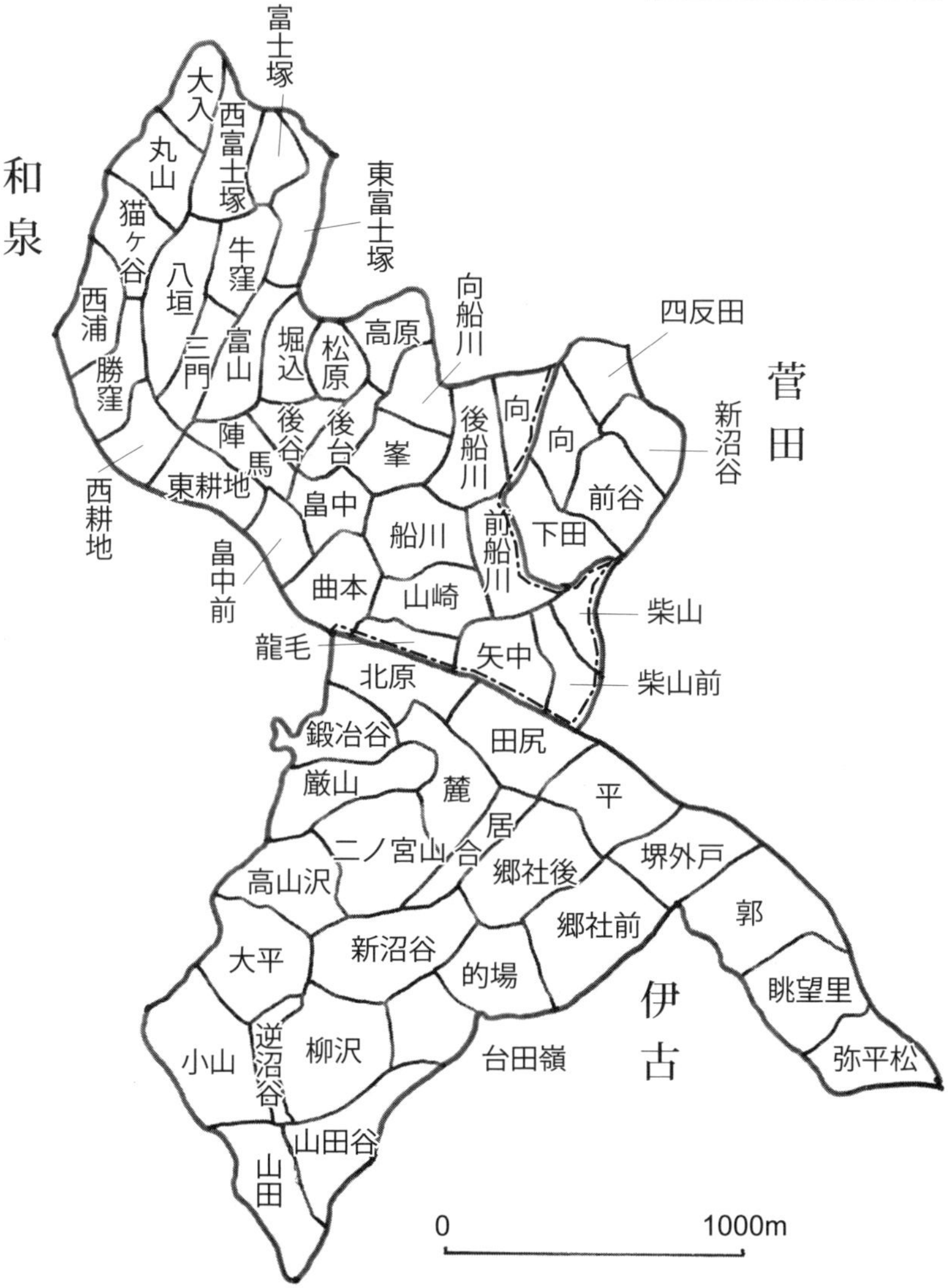
和泉
菅田
伊古
富士塚
大入
西富士塚
丸山
東富士塚
猫ヶ谷
牛窪
八垣
西浦
向船川
四反田
高原
堀込
松原
三門
富山
勝窪
新沼谷
後谷
後台
向
後船川
向
陣
馬
峯
西耕地
東耕地
前谷
畠中
前船川
下田
船川
畠中前
曲本
山崎
柴山
龍毛
矢中
柴山前
北原
鍛冶谷
田尻
厳山
麓
平
居
二ノ宮山
合
堺外戸
高山沢
郷社後
郭
郷社前
大平
新沼谷
的場
眺望里
逆沼谷
柳沢
小山
台田嶺
弥平松
山田谷
山田
0
1000m

7　中尾小字 （↓大字地図九六頁）

久保田（くぼた）　久保や窪は基本的に、文字の通りくぼんだ地形を表していると考えてよいだろう。

八嶋（やつしま）　中尾村検地帳・「滑川村史」でもヤツシマとなっている。谷島のことで、谷の中での微高地をこう呼んだものであろうか。

松木（まつき）　田のそばの土手に松が生えているような風景を想像するが、よく分からない。

長町（ながまち）　町という地名は、耕地の中にある場合は、田や畑の区画のことをいうから、ここでは、長い田という意味であろう。

橋下（はしした）　橋の下流側ということではないか。

林崎（はやしざき）　林の先の田畑ということか。

下沼（しもぬま）　二つの沼のうち、下の方にある沼である。

前組（まえぐみ）　内郷より前の方にある集落であろう。

居山（いやま）　居谷や居山など居のつく地名は、人の集まって住む集落のことなのであろう。

荒井（あらい）　新井と同じく、泉の湧く所を示している。

内郷（うちごう）　前組という地名と比較して考えると、前組よりもより奥の、内側の集落ということか。

清水（しみず）　清水・和泉は水が湧いている所を表現しているものと思われる。

内田（うちだ）　集落にいちばん近い水田のことを意味すると考える。

下田（しもだ）　坂下から天神前・新五をへて滑川に至る長い谷のいちばん下の田ということであろう。

祢がらみ（ねがらみ）　ネ、根は丘陵の裾のことで、山側にからみつくように伸びた帯状地をいったものか。

新五（しんご）　新吾とも書くので、人名であろうか。持ち主か耕作者の名からきているのであろう。

天神前（てんじんまえ）　天神様が祀ってある祠の前ということである。

加田前（がだまえ）　ガダとは、難しい地名だが、傾くのカタから傾斜地を意味するものか。

代田（だいのた）　デーノタとも発音するが、この辺りではデイとは奥の部屋を意味するので、この場合は、一番奥にある田ということではなかろうか。

加田（がだ）　慶徳寺の薬師堂は加田～寺山にあるため、加田薬師と呼ばれている。目の薬師として知られ、中武蔵寅薬師七十二か所のうち、最後の七二番になっている。薬師堂の天井には、陰山道益の描いた龍と天女の絵がある。また、堂の外壁には、十二支の彫刻があり、珍しい。宝暦五年（一七五五）の庚申塔では、賀田村という表記が見える。

寺山（てらやま）　慶徳寺の周辺をこのように呼んでいる。言葉通り寺のある山という意味である。次の竹ノ花地名があることから、この地を館跡とする考え方もできる。慶徳寺は、以前は東の丘の上にあり、焼失後現在地に移ったという。なお、慶徳寺四天王門の四天王は、町指定の文化財である。江戸時代中期の作とされている。

慶徳寺薬師堂

慶徳寺四天王門

竹ノ花（たけのはな）　竹花とも書く。この地名はしばしば、館の端の意味と考えられ、そのように論じられることが多い。つまり、中世武士の館の端、隅ということである。ここの場合は、今まで館跡といわれる遺跡はないが、慶徳寺のある場所が館跡かもしれないという指摘は、「滑川村史」の板碑の項で吉田憲正氏が述べている。館跡であったとすると、竹ノ花の意味は解釈しやすい。

　崖または斜面の端の可能性もある。

駒形（こまがた）　駒形社（馬頭観音など）を祀った所か、もしくは馬形埴輪が掘り出されたことがあるのかも知れない。人物埴輪の一部が出たといわれ、宮前小学校に所蔵されていたのを見たことがある。

広瀬（ひろせ）　ヒロには、低い方という意味があるから、丘陵下の広瀬沼まわりの平地がこう呼ばれたのだろう。江戸時代の石仏にはしばしば、広瀬谷戸と出てくる。

柏木（かしわぎ）　柏の木が生えている所、または傾ぐ際・端で傾斜地のことか。この場合は、木は際のことであると思う。あるいは、堅し岩で、堅い岩盤が語源かも知れない。

谷（やつ）　この地域ではタニのことをヤツと呼ぶ。同じような意味の地名に、イリやヤトがある。

神戸（ごうど）　ゴウドは、神社の領地がある所、または水のある場所ということかと思われる。

神戸沼がある。

神戸上（ごうどかみ）　神戸参照。

横峯（よこみね）　北西から南東に細長く尾根が伸びているものを表現した地名であろう。

大平（おおひら）　平らな地形をいうのであろうが、山の中では比較的広い場所なので大が付いたかと思われる。

泉沢（いずみざわ）　泉の湧く沢ということであろう。

笊山（ざるやま）　ザルはザレのことで、岩や小石が多い土地をさすか、そこが崖崩れした場所をさしているものであろう。ゴルフ場ができる前、ここの中尾遺跡からは、瓦塔という焼き物で作った小さい塔の一部が出土した。

年中（ねんちゅう）　「郡村誌」水房村の項には、年中坂にテンジュザカと振り仮名がついている。そこで、この場合もテンジュであると考えることができる。テンジュとは、天井に通じ頂上のことであろう。

二ツ沼（ふたつぬま）　沼が二つあるためにできた地名であろう。

大立（おおだて）　おそらく大きく立ち上がったような山の姿から付いた地名ではないだろうか。

天裏（てんうら）　テンリともいうようだ。天神社の裏ということで、天神前に対応する。天神裏の略である。

用戸庵（ようどあん）　両頭庵ともいい、二つ頭のある蛇の伝説が残っている。昔、ヨウド庵またはリョウド庵という庵があって、両頭という字を当てたため伝説ができたのではないか。なお、ここからは、ゴルフ場造成前の発掘調査で、瓦塔が出土した。奈良・平安時代の小規模な仏堂があったものと推定される。

太郎（たろう）　太郎・又五郎など、人名と思われる地名が時々あるが、これは、その土地の持ち主の名前がたまたま付いたのではなかろうか。谷に悪太郎沼があるから、その悪を省略したことも考えられる。

牛窪（うしくぼ）　ウシはしばしば、内（ウチ）が転訛したものである。この場合は、内窪ということであろうか。

猫谷（ねこやつ）　ネガラミのネと同じで、丘陵の麓、裾が根、ネコは根際のことと思われる。

入沼（いりぬま）　イリは前に述べたように谷のことで、谷の奥にある沼を意味している。

花気（はなき）　ハナッケともいう。花の木という意味か、または鼻の際ということかと考えられる。花の木とは小正月のときに作る削り花に使うニワトコのことで、その木が生えている場所という解釈が一案である。鼻の際というのは、出っ張った地形の先端ということであるが、端軒と考えると、端が崖になっている所ということになる。ここの北西斜面には、五輪沼窯跡と同じころの須恵器窯跡がある。

下ノ前（しものまえ）　次項参照。

8　水房小字 （↓大字地図九六頁）

下ノ前（しものまえ）　水房地区を上・表・下に分け、丘陵南側の集落のある部分を前と呼んでできた地名ではないか。

表ノ前（おもてのまえ）　ここには、かつて法善寺があった。「風土記稿」では、積善寺となっているが、誤りである。また、この寺は比企西国三十三番観音霊場の二十四番になっている。観音堂の鰐口銘では寺の名前は寶善寺になっている。

上ノ前（かみのまえ）　下ノ前参照。

寺ノ台（てらのだい）　放光寺のある場所をさした地名である。放光寺には、二連板碑という、二つの

法善寺観音堂

板碑が一枚の板石になっているものがあり、町の指定文化財である。

小山ノ台（おやまのだい）　コヤマではなくオヤマである。ここには中世の水房館跡がある。館跡は、三段に築成されているように見えるが、二段目には、十三基の塚がある。館跡が廃棄された後に作られた十三塚と思われるが、時期の確証はない。

「宮前村郷土誌」は、畠山重忠が滅ぼされたあと、北条政子により遺領が分配され、ここは小山朝政に与えられたのでオヤマという地名ができたと推定しているが、疑わしい。コヤマではなくオヤマであるのは、領主の直轄領を意味していると考えるのが最も自然である。御山である。領主といっても、江戸時代の旗本か、中世の地頭・荘官など、時代によって事情は変わってくるが、資料がないのでわからない。「滑川村史」で、栗原金四郎氏は、この山の別名が「郡村誌」では、布知江山となっており、これは藤井山のことではないかと述べている。そして、藤井というのが水房荘という荘園の地頭または領主の姓である可能性を探っているがはっきりしない。今後の課題である。

年中坂（ねんちゅうざか）　中尾の項で述べたように、「郡村誌」ではテンジュザカである。テンジュは山の頂上をさしたもので、ザカは頂上の手前の坂という意味であろう。

ただ、年中をテンジュと読む例は他になく、問題が残る。鳩山町石坂には、年中（ねんじゅう）があり、「風土記稿」では、秩父郡堀切村に「ねんじゆう子」がある。さらに検討が必要であろう。

なお、岡田潔氏は、ネンジュウはネズ（ねぶる）・チュウ（つぶ）で、崩壊地形であるとしている。

柚谷（ゆずやつ）　「郡村誌」ではユノキヤツと振り仮名がついている。柚子の木が生えている谷ということかと思われる。

蟹沢（かにさわ）　沢蟹のいる沢・谷をいうのであろうが、この地方ではガンザと発音する場合が多い。

中芝（なかしば）　柴や芝は燃料、薪のことであろう。中ほどにある、焚き木をとる山のことか。

炭竈（すみがま）　炭焼きの窯が語源であろうかと思われるが、現状では窯跡は見つかっていない。ガマには、崖の下がえぐれている状態を意味することもあるので、隅ガマ沼から、炭竈となった可能性もある。炭竈沼のほとりには、芭蕉の句碑があったが、現在は近くの石川氏宅に移動されている。「古池やかはず（蛙）飛び込む水の音」とあるが、年代はない。

坂ノ台（さかのだい）　坂下に対して、坂の上を意味している。

坂下（さかした）　言葉のとおり坂の下を表す。

天神前（てんじんまえ）　天神社の前ということであろう。

9　月輪小字（↓大字地図九六頁）

新道下（しんみちした）　森林公園駅西の電車車庫の西の道路をはさんで、新道上・下があるから、この道が新道と呼ばれたのであろう。

新道上（しんみちうえ）　新道下の上流側である。

溝半田（みぞはた）　文字を見ると何か別の意味がありそうにみえるが、溝の傍、溝の側というほどの意味合いであろう。

古屋敷（こやしき）　いつのものか分からないが、古い屋敷があったのであろう。ここを発掘した時に検出されたのは、倉の基礎かと思われる長方形の土台のようなものであった。確たる証拠はないが、江戸時代の土蔵または郷倉の跡かと考えている。

築地（つきじ）　ツキジは、土塀や石垣、または埋立地をいう。ここでは、土塁や土塀がめぐる屋敷跡などがあった可能性が高い。

宮前（みやまえ）　月輪神社の前にあたるのでこのように呼ばれたのである。

林（はやし）　集落近くの樹林が広がっている様を名付けたものだろう。ここには、枇木を発明した宮島勘左衛門（一八一四〜一八六八）の碑が立っている。町指定文化財。また、福正寺もあり、勢至堂は比企西国三十三番観音霊場の二十三番にあたっている。福正寺には、虎御石

福正寺勢至堂

宮島勘左衛門の碑（上写真）
虎御石（左写真）

と呼ばれる板碑（正応二年＝一二八九）や、宮前村長や県会議員を歴任した大塚夌恵八（一八四九～一九三二）の寿碑がある。また、福正寺墓地には、寺子屋師匠亮海法印の墓碑がある。

窪田（くぼた）　まわりより低い窪んだ地形をいうのであろう。

川袋（かわぶくろ）　袋というのは、川の流れが湾曲して袋状になった所をさす。

西荒井後（にしあらいあと）　荒井・新井は、湧水の所という意味であろう。じっさいに、湧

大塚夌恵八寿碑

亮海法印の墓

水が多かったという。

北谷（きたやつ）　集落から見て北にある谷である。

西荒井（にしあらい）　ここから西荒井前周辺に月輪古墳群が分布していた。

中道北（なかみちきた）　福正寺と月輪神社の間から西へ通じる道をはさんで中道南・北があるから、この道を中道と呼んだのであろう。

高根（たかね）　周囲より若干高くなっている場所を表したものかと思われる。

西荒井前（にしあらいまえ）　西荒井後参照。

山口下（やまぐちした）　今は住宅が多く山（林）はほとんどないが、昔は山の入り口と見られていたのだろう。

山口（やまぐち）　このあたりは、通称が六軒であるが、享保一二年（一七二七）の庚申塔には、六軒新田と見えている。

山口前（やまぐちまえ）　山口下参照。

南谷（みなみやつ）　篠の西で谷は二つに分れ、南北二本の谷が山口（六軒）をはさむ形になっている。この南の谷の意味が南谷で、その東の台地上の原が南谷原である。

南谷原（みなみやつはら）　南谷の東にある原（台地）である。

新堤下（にいつつみした）　シンではなくニイである。南谷から篠・金熊の方へ細長い谷が続くが、篠と南谷の間でこの谷と水路を渡る部分に堤を築いて道路としたことによるものか。現在の滑川総合高校の西の通りである。

また、堤ということばが、沼をさしている場合もあるから、新しい沼の下ということなのかも知れない。ここには、用水池が二つある。

篠（しの）　篠つまりアズマネザサが繁茂する様子を呼んだものかと思われる。

中丸（なかまる）　丸は郭などと同じく集落の一地区をさしているように思う。中央の地区ということか。台地が丸く張り出した状態を言ったものかもしれない。

矢尻（やじり）　ヤジリという発音から縄文時代の石鏃が落ちていたために付いた地名と考える人もいるようであるが、これは谷尻、つまり谷の一番奥という意味であろう。

比企郡杉山村生まれの和算家である内田祐五郎往延（一八四三〜一九二二）は、晩年はこの矢尻に住んだ。今は、内田往延先生之碑が立っている。なお、内田祐

内田往延先生之碑

五郎に和算を学んだ吉野米三郎（一八五三〜一九三八）は、同じく杉山村の生れであるが、水房村の吉野家の入婿となって、農事改良などに尽力した。

中道南（なかみちみなみ）　中道北参照。

金熊（かなくま）　カナ・カネは曲尺のように直角に曲がった様を示すと考えられる。この場所は、谷と水路が大きく屈曲しているので、これを表した地名であろう。クマとは屈曲点、曲がり角の意味である。

中丸前（なかまるまえ）　中丸の集落から見て前である。

大堀西（おおほりにし）　大堀には、大堀館跡と呼ばれる中世の館跡がある。前述のように、九条兼実と結び付けるのは年代と史料の面から難しいと考える。以前は、方形の館跡は、中世前期にさかのぼる古い形態であるといわれていたが、現在では、方形をもって単純に古いとはいえず、一四世紀以降の館跡である場合が多いと修正されている。したがって、この館跡も室町時代ころの年代を考えておきたい。大堀館跡でも、北側の状態から、外側に二重目の堀と土塁があったような気配がうかがわれる。単郭方形館とは言い切れないようである。

大堀西には、八世紀前半の須恵器の窯跡がある。これは大堀西窯跡で、町指定史跡である。

橋戸上（はしどうえ）　橋のある場所の一段上の台地という意味か。

福正寺には、虎御石と呼ばれる正応二年（一二八九）銘の板碑が立っているが、これは元は寺の南の小川にかかる橋に使われていたという。この橋というのが、この橋戸上の近くではないか。具体的には、関越自動車道と東武東上線が交差するあたりと推定できる。区画整理によって今はその場所がわからなくなってしまった。「武蔵国郡村誌」には、村の南に「虎子塚」があると記載がある。方九尺、高さ五尺で大きな塚ではないが、名前から考えると、虎御石と呼ばれた板碑はもともとこの塚の上に立てられていたのではなかろうか。そして、後に、用水路の橋に転用されたのではないか。

虎御石とは、曽我兄弟にかかわる大磯の虎という女性が、兄弟の供養のために立てたといわれる板碑、または虎本人の墓との伝承をもつ板碑や石をいう。全国にあるが、埼玉県にはここを含め六ヶ所が知られている。熊野三山の信仰を広めた熊野比丘尼の活動が、背景にあると考えられる。

築地前（つきじまえ）　築地の南である。

間堀（まぼり）　何かの間にある堀ということであろうか。各地に馬堀という地名があるから、ここも馬に関係があるかも知れない。

上ノ山（うえのやま）　周囲より少し高くなった林ということか。または、上流側の山か。

百間山（ひゃっけんやま）　平地林が広く続いた様子を百間（約一八〇メートル）で表現したものか。

中尾・水房・月輪

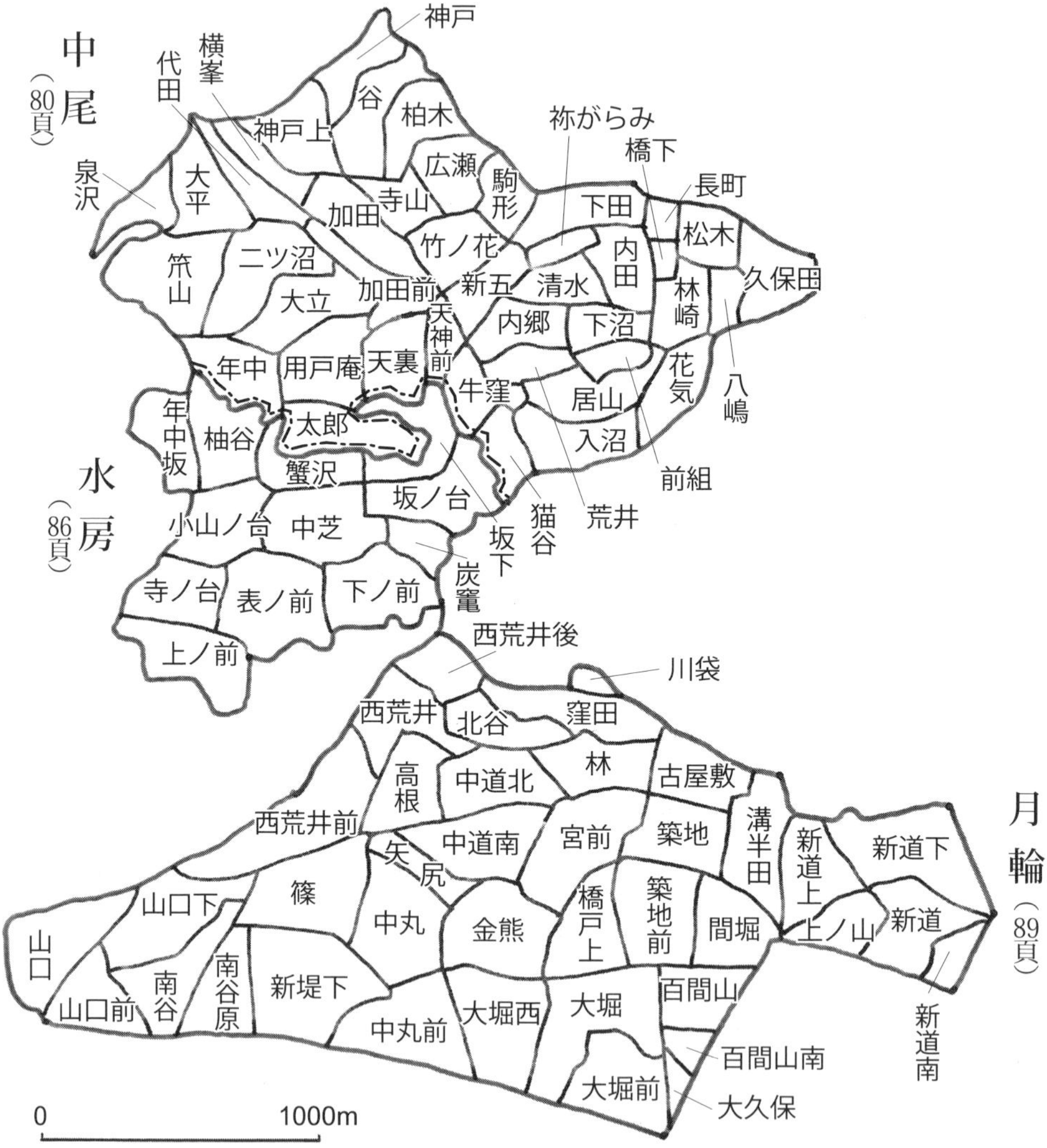
中尾
(80頁)
水房
(86頁)
月輪
(89頁)
神戸
横峯
代田
谷
柏木
神戸上
祢がらみ
橋下
長町
広瀬
駒形
泉沢
大平
寺山
加田
下田
内田
松木
竹ノ花
笊山
二ツ沼
清水
久保田
加田前
新五
林崎
大立
天神前
内郷
下沼
年中
用戸庵
天裏
花気
八嶋
牛窪
居山
年中坂
柚谷
太郎
入沼
蟹沢
前組
坂ノ台
猫谷
荒井
小山ノ台
中芝
坂下
炭竃
寺ノ台
表ノ前
下ノ前
西荒井後
上ノ前
川袋
西荒井
北谷
窪田
林
高根
中道北
古屋敷
西荒井前
宮前
築地
溝半田
新道上
新道下
中道南
矢尻
篠
山口下
中丸
金熊
橋戸上
築地前
間堀
上ノ山
新道
山口
南谷
南谷原
新堤下
百間山
山口前
中丸前
大堀西
大堀
新道南
百間山南
大堀前
大久保
0
1000m

大堀（おおほり）　大堀館跡がある。館跡の南の畑から宮島安一氏が採集した旧石器は、町指定の文化財になっている。

大堀前（おおほりまえ）　大堀の南である。

大久保（おおくぼ）　大きな窪地、低地ということである。

百間山南（ひゃっけんやまみなみ）　百間山の南である。

後新田（ごしんでん）　新田に敬称の御がついたものであろう。「郡村誌」では御新田である。代官の開いた新田ということであろうか。

百間山東（ひゃっけんやまひがし）　百間山の東である。

新道南（しんみちみなみ）　新道の南である。

新道（しんみち）　東上線電車車庫の西から南へ続く道である。新道といっても、慶安三年（一六五〇）の検地帳に見えるので、江戸初期にさかのぼるかなり古い道路であろう。

10　都小字

都（みやこ）　住めば都のことばから採ったという。前述のように、陸軍松山（唐子）飛行場が計画されたが、完成直前に敗戦となり、使われなかった。燃料を保管する地下壕（トンネル）

が、水房の炭竈沼北方の中芝から坂ノ台の北斜面と、羽尾の愛宕山西斜面に掘られたが、今はほとんど分からなくなっている。

11　羽尾小字

東ノ谷（ひがしのやつ）　文字の通り東の谷のこと。

十三塚（じゅうさんづか）　十三塚は、柳田國男も研究したが、よく分からない点がある。一つの特徴は、村境など、境界線に沿って作られることである。中央にやや大きい塚が作られ、その両側に小さい塚が六基ずつ配置されることが多い。羽尾の十三塚は村の東南の隅にあたり、まさに村境であるが、今は塚は一つも確認できない。おそらく削平されたのであろう。

なお、羽尾の東表と山屋敷の境界に沿って十三塚が残っている。現在一一基確認できる。この線を南にたどると、市野川にかかる高橋をへて、又五郎の西につながる。この

羽尾の十三塚（山屋敷）

羽尾・都

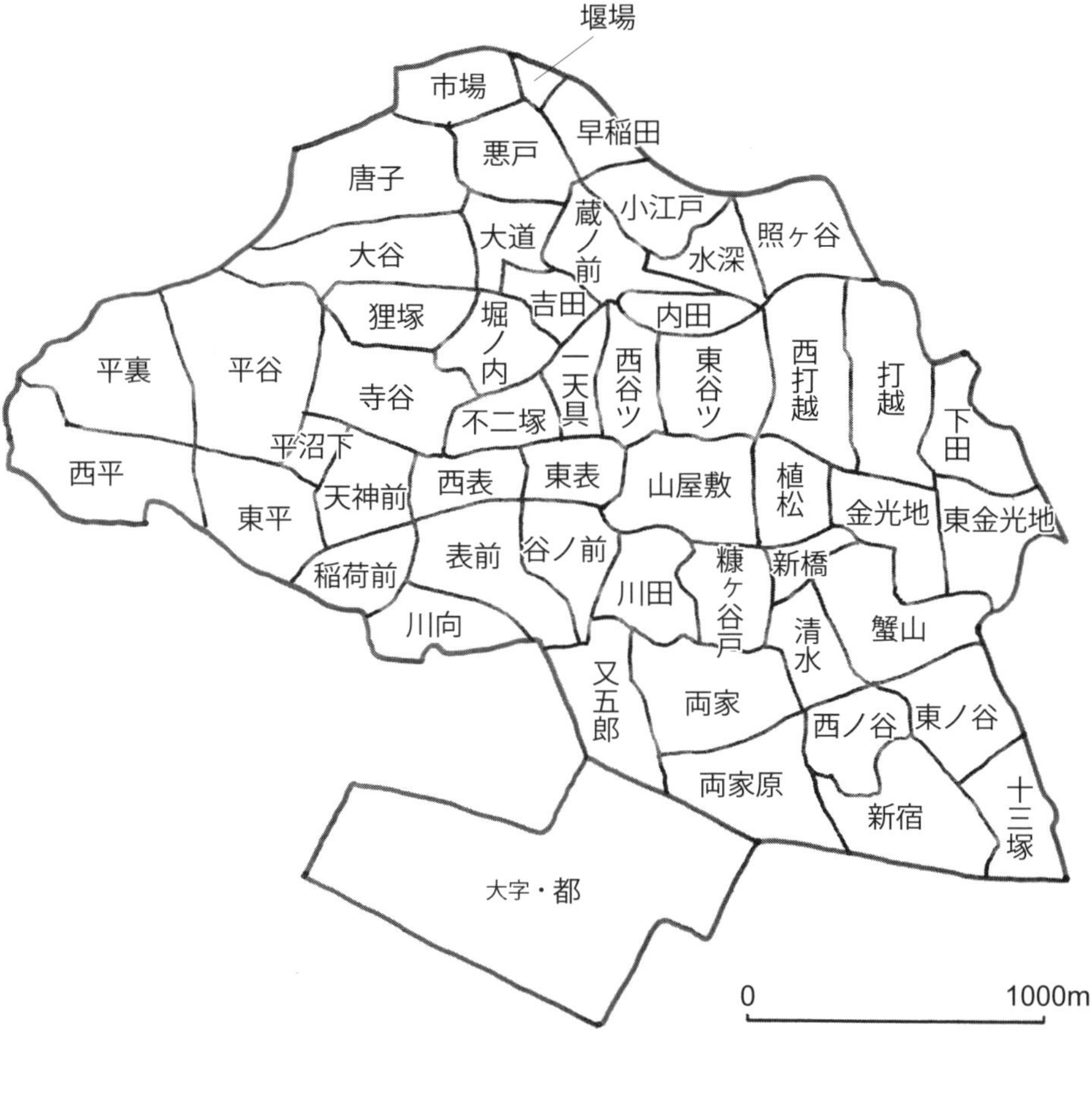
堰場
市場
早稲田
悪戸
唐子
小江戸
蔵ノ前
照ヶ谷
大道
水深
大谷
狸塚
吉田
堀ノ内
内田
平裏
平谷
寺谷
一天具
西谷ツ
東谷ツ
西打越
打越
下田
不二塚
平沼下
西平
天神前
西表
東表
山屋敷
植松
金光地
東金光地
東平
表前
谷ノ前
糠ヶ谷戸
新橋
稲荷前
川田
清水
蟹山
川向
又五郎
両家
西ノ谷
東ノ谷
両家原
新宿
十三塚
大字・都
0
1000m

線は、月輪で述べた下地中分の境界線に重なる可能性が高い。そうすると、荘園は、市野川の北側まで及んでいた可能性があるのではなかろうか。

新宿（しんじゅく）　新しくできた集落であろう。

西ノ谷（にしのやつ）　字のように西の谷のことである。

蟹山（かにやま）　カニというのはカネのことで、金属に関係する可能性がある。または、カナ・カニが削る・崩れるの意味から、市野川の水流で河岸が削られることを表現したものか。さらに、カナには、大雨の時に洪水になりやすい地形を表している場合がある。地元には、市野川の南ということで、河南山が変化したものとの話も伝えられている。

市野川をはさんだ北側の、金光地からは、鉄滓（かなくそ）が出土し、製鉄遺跡の存在が推定される。鋳物師が住んでいた可能性が高い。したがって、結局、金山が蟹山になったと考えるのが最も自然と考えられる。

清水（しみず）　文字の通り清水が湧いたところであろう。

両家（りょうけ）　両家と両家原は、荘園に関する領家地名ではないかと考えられる。月輪から羽尾にかけて荘園があり、地頭が大堀館に住んでいたと推定すると、西側を地頭分、東側を領家分とした下地中分が行われたことが想定できるわけである。前述のとおり、その境界が駒留橋と駒爪石ではないか。安永三年（一七七四）の庚申塔には、両毛とある。

両家原（りょうけはら）　両家参照。

又五郎（またごろう）　又五良とも表記される。持ち主の名前か、開発者の名前から付いた地名であると思われる。中世のものなら、名主の名前かも知れない。

谷ノ前（やつのまえ）　字の通り谷の前である。

川田（かわだ）　市野川に面した田ということであろう。

糠ケ谷戸（ぬかがやと）　ヌカはぬかるみの意味であるから、湿地を示しているのであろう。ここには、男神と女神を陽刻した双体道祖神がある。宝暦一〇年（一七六〇）のもので、町指定文化財である。中村光次氏によると、県内に双体道祖神は約四〇体あり、年号の記されたものでは、この宝暦一〇年が最古であるという。

新橋（しんばし）　市野川にかかる古い橋に対して、新しい橋ということである。

山屋敷（やまやしき）　山の中の屋敷ということであろう。文化一〇年（一八一三）の石仏では、山屋鋪となっている。

双体道祖神

東谷ツ（ひがしやつ）　西谷ツと共に、二つの谷を東西に区別したもの。ツがついているのは、タニではなくヤツと発音する事を明示するとともに、東ノ谷と区別するためと考えられる。

西谷ツ（にしやつ）　ことばの通り西の谷である。西ノ谷と区別するためにツを付けたものであろう。

一天具（いってんぐ）　天具は天狗であろう。天狗は修験道と関係が深いから、金剛院という本山派の修験があったための地名である。一の付くわけは分からない。なお、鶴ヶ島市にも一天狗という小字があり、修験に関係する一族が住んでいたのではないかといわれている。「郡村誌」には、一天貝沼というのが出てくるが、貝は具の誤字である。ここにかつて観音堂があったといい、これが比企西国三十三番観音霊場の二十二番であった。設楽家文書によると、明和三年（一七六六）には、巡礼が二百人から五百人も来たという。また、ここにある琴平神社前には、寺子屋師匠設楽羽山の筆塚碑がある。なお、「郡村誌」によると、入間郡粟生田村には一天狗・二天狗という地名がある。

内田（うちだ）　内側、集落に近い方の田ということか。文化一〇年（一八一三）と天保一〇年

設楽羽山筆塚碑

（一八三九）の石仏には、中内手という地名がでてくる。内田のことかも知れないがよく分からない。

水深（みずふか）　字のように深い湿田をそのまま表現した名前である。

照ケ谷（てぬがや）　「郡村誌」にはテヌガヤとある。ヌカ・ヌガはぬかるみの意味があるから、泥深い湿田というほどの意味合いで付いた地名と思う。ここの南端、丘陵下の部分には湧水点が数か所あり、ニホンアカガエルが棲息していたが、今は埋められてしまった。

西打越（にしうちこし）　ウチコシは場所によってはオッコシとも発音する。これは丘陵を越える場所である。追越も同じであろう。

打越（うちこし）　明和三年（一七六六）の石仏では、内越の文字が使ってある。

下田（しもだ）　羽尾では最も下流にある水田であるためこのように呼ばれたのであろう。

植松（うえまつ）　松が生えた山であろうが、植の付いた理由はよく分からない。ここには、漢学者の毛受雄也（一八三〇～一八九四）の墓がある。雄也は、号を鳴水といい、名古屋の生

鳴水毛受雄也の墓

れであるが、縁あって羽尾に住み、盈科学舎で漢学を教え、明治二七年に亡くなった。

金光地（こんこうじ）　金光寺とも書く。金光寺という寺があった可能性がある。薬師堂（東松庵）がその寺の名残と思われる。金という文字が金属を表して、金属にかかわる地名の可能性も否定できない。実際に、鉄滓（製錬のときに出る不純物）が出土している。

また、ここには羽尾館または羽尾城といわれる遺跡がある。松山城の上田氏に従った山崎若狭守のいた城跡と伝える。山崎若狭守以下の土豪が、羽尾七騎とされ、落城後にその一部は羽尾村に土着して百姓になったと伝えられる。正徳四年（一七一四）の地蔵尊には、金剛寺村という表現が見られる。

東金光地（ひがしこんこうじ）　ここには、薬師堂（東松庵）があり、中武蔵七十二寅薬師の七十番である。今は改築されて小さな堂になっている。

羽尾館腰郭（金光寺・上写真）
羽尾薬師堂（東金光地・左写真）

川向（かわむかい）　川の向こう側、市野川の南で川に面した所である。

表前（おもてまえ）　羽尾東部の丘陵南斜面を表と呼び、北斜面を裏と名付けたものと思われる。表のことを、延享三年（一七四六）・享和三年・四年（一八〇三・四）の石仏では、面と表記している。

東表（ひがしおもて）　同じく表の東側という意味である。

西表（にしおもて）　右に書いたとおり表の西側を指したもの。

天神前（てんじんまえ）　江戸時代には天神山であったようだが、今の通称は稲荷山である。横塚（大谷）稲荷があるためだろう。頂上には、金刀比羅宮がある。昔はこのあたりに天神社があったことは、享保一五年（一七三〇）の設楽家文書により推定できる。また「風土記稿」に見える福厳寺跡と思われる平場がある。

稲荷前（いなりまえ）　稲荷山の前ということである。

平沼下（たいらぬました）　ここの南東斜面に五厘沼窯跡（羽尾窯跡）がある。六世紀末から七世紀初めの須恵器を焼いた窯である。県指定史跡である。

東平（ひがしだいら）　平地区を東西に分けてできた地名である。

ここにある地蔵庵は、もと地蔵院といったようであるが、天文永禄（一五三二～一五七〇）のころ、武田信玄の軍のために焼失したと伝えられる。福厳（言）寺と同じ時に戦火に遭ったのかもしれない。

西平（にしだいら）　ここには、本山修験の慈明院があった。

平裏（たいらうら）　平は、丘陵の下に平らな土地が広がっていたことによる地名と考えられる。そして、ここを東西に分け東平と西平ができ、北に向かって入り込んだ谷を平谷、平の北側を平裏と呼んだものと推定できよう。

平谷（たいらやつ）　平地区の大きな谷である。切通しの西斜面に平谷窯跡群がある。町指定史跡である。この窯跡では、須恵器と瓦が焼かれていた。瓦は寺谷廃寺で使われたものである。今のところ、窯跡は二基が見つかっているが、さらに埋まっている可能性が高い。

地蔵庵

寺谷（てらやつ）　寺谷廃寺という七世紀に作られた古代寺院跡があり、後世には興長寺が建立された場所なので寺のある谷ということでできた地名である。興長寺には旗本加藤氏の墓地がある。
寺谷廃寺は、礎石・建物跡などはまだ発見されていないが、布目瓦が散布していて、寺院跡と考えられる。この瓦は、七世紀初め頃のもので、東日本では最古の寺院跡といわれている。日本で最初の寺院とされる、六世紀末の奈良県飛鳥寺の瓦に似ているが、少し違う所があり、朝鮮半島からの直伝ではないかとする意見もある。

不二塚（ふじづか）　富士塚のことで、実際に丘陵上に富士塚がある。古墳の上にさらに盛土をして高くしたものかも知れない。この富士塚は北側に小さな突出部があるように見える。造り出しのある古墳を利用した塚の可能性がある。古墳の周堀か、塚を作るときに土を得るために掘ったものか、どちらか分からないが、塚の周囲に窪みがある。近くに極めて低く小さい塚が二基ある。これは古墳ではなく、中・近世の墓の可能性があるのではないか。

旗本加藤氏墓地

堀ノ内（ほりのうち）　羽尾神社の裏に堀の跡らしきものが残っており、ここを館跡と考える説がある。堀ノ内という地名は、館跡や屋敷跡につくことが多いから、その可能性がある。現状では、情報不足で判断できない。

吉田（よしだ）　吉は葦のことで、ヨシ（アシ）の生えた田ということであろう。

狸塚（たぬきづか）　タヌキは自分では穴を掘らないから、キツネかアナグマが掘った穴のある塚をタヌキの穴がある塚という意味で呼んだものか。しかし、現在はそれらしき塚はない。近くにムジナヅカという屋号があるから、狢塚ともいったのではなかろうか。

大谷（おおやつ）　東の羽尾神社の北のあたりから、西に向って長くて大きい谷が入り込んでいる。これを大谷と名付けたのであろう。

なお、一九八〇年代以降の国土地理院地形図（五万分一・二万五千分一）には、このあたりに大山という地名表記がある。これは、大谷と山中を組み合わせた合成地名である。古代の男衾郡大山郷とは関係がない。安易な合成地名を使うのは控えるべきである。

大道（だいどう）　ダイドウは大きな、主要な道ということである。

唐子（からこ）　唐は、この場合は、朝鮮半島や中国をさし、高句麗・百済・新羅などから日本へ渡来した人々や、その住んだ場所を唐子と呼んだものと考えることができる。ただ、渡来人一世がいたとは限らず、たぶん二世・三世が住んでいたのであろう。このあたりは、五厘沼窯跡・寺谷廃寺・平谷窯跡群・花気窯跡など、古墳時代の遺跡が集中している特異な地域である。特に、須恵器の焼成や、七世紀に瓦を焼いて寺院を建設することは、朝鮮半島の知識・技術を取り入れなければとうてい不可能なことである。畿内の渡来人が移住して来たか、または

五厘沼窯跡

平谷窯跡群（1980 年当時）

朝鮮半島から直接教えに来た人物がいたのか、不明であるが、いずれにせよそのような文化受容を考えなければ、寺谷廃寺の成立はあり得ないであろう。

唐子沼の北の丘陵は、かつて東に伸びており、古墳群があったというが、基数や内容は不明なまま破壊された。

市場（いちば）いつの時代のことか明確ではないが、市が開かれたための地名であろう。。

悪戸（あくと）アクト・アクツは、湿地を示す代表的な地名である。柳田國男の「地名の研究」に、この羽尾字悪戸が例として挙がっている。

ここには、興長寺の住職や越前大乗寺の住職をつとめた愚禅和尚が書いた馬頭尊の供養塔がある。文化二年（一八〇五）のもので、町指定文化財である。実は、これは二代目で、最初の供養塔は、折れたため興長寺本堂前に立っている。今はに建て替えたものであろう。愚禅の書は数多く残っているが、滑川町内だけで石仏類・額が約二〇ある。

愚禅筆馬頭尊

悪戸遺跡は平安時代の集落であるが、ここから九～一〇世紀ころの墨書須恵器が出土している。文字は、「上家」と「道」である。

堰場（せきば）　滑川の水を取り入れる堰がある場所ということである。

早稲田（わせだ）　早稲の稲が作られる田ということであろう。

小江戸（おえど）　オエドと発音する。エドは淀にも通じ、これもまた水のある所または、水深い湿地のことを呼んだものと考える。オは接頭語または美称であろう。

蔵ノ前（くらのまえ）　年貢米を保管しておく倉を郷倉という。名主の家の倉を使うこともあるが、別に建築される場合もある。この郷倉の前ということであろう。

五　沼の名前編

如意輪観音（牛窪）
明和五年（1768）

1　福田

皿型沼（さらっけ）　皿のように浅い形からきているようである。

城口沼（じょうりぐち）　地元では城裏口として、山田城の裏の意味であるととらえている。近世の文書には、成就口・しゅうじ口・上地口と書かれている。

笹沼（ささ）　クマザサが多いための名称である。

鼻田沼（はなだ）　鼻のように突き出した尾根の下にある沼である。

御行沼（おぎょう）　オギョウとは、御行人、つまり修行する修行者・行者のことである。この近くには、行人が入定（即身成仏）したといわれる塚があり、御行坂という坂もある。

かけ沼　福田大沼のすぐ東にあったが、不用のため廃止になったと伝える。一九七〇年ころまで堤の跡があったという。明治の迅速図には沼の記号があるから、明治一七年（一八八四）までは存在していたと判断できる。カケは、崖のことで、崖の下にあったのでこう呼ばれたのだろう。

行人塚

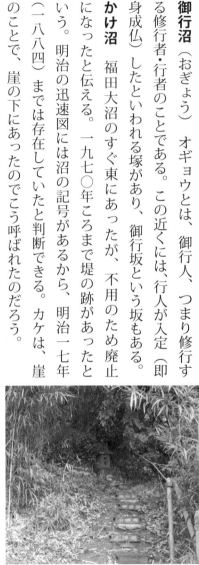

甚太沼（じんた）　人名が元になったものであろう。沼の管理をした人という。

山城沼（やましろ）　この沼と長沼の間に土塁と空堀があったという。沼下にタテノハナという屋号の家があるから、城館跡があったと考えて差し支えないだろう。ゴルフ場になり内容は不明である。

鳥井沼（とりい）　沼のそばを登っていくと、淡洲神社の前に出るので、鳥居沼という意味だろう。この沼の堤は、くの字型に外に凸形をなし、特徴ある形態である。少しでも水量を多くしようとしたのだろうか。

土井城入沼（どじょういり）　イリは谷のことであり、ドジョウは泥鰌のことであろうか。ドジョウのいる谷にある沼か。城跡のあった形跡はない。ドジェ（土瀬）が小湧水群を意味する場合があるというから、清水が湧く谷の沼の可能性も残る。

紺屋前沼（こんやまえ）　紺屋と呼ばれる家の前にある。

がっき沼　ガッキはガッケのことで、崖にある沼、あるいは階段状の場所にある沼とも考えられる。いっぽう、方言でカツギがヌルデの木、ガツギがマコモを表す地方がある。そうすると、真菰の生えている沼という可能性もある。近世の文書には、額

鳥井沼

妓という地名が出てくる。

宮入沼（みやいり）　淡洲神社の北東の谷にある。神社の谷の沼ということである。

笠沼（かさ）　笠の形をした沼であろう。

不動沼（ふどう）　不動堂のそばの沼である。沼の底に石枠の井戸があるという。

梅ケ入沼（うめがいり）　ウメは埋めのことで、埋まった谷がウメガイリである。元はもっと深い谷であったのだろう。

2　山田

あざみくぼ沼　アザには湿地や山の水がしみ出る場所という意味がある。そういう窪地にある沼ということであろう。

笹山沼（ささやま）　まわりにクマザサが生えているからこう呼ぶという。

御行沼（おぎょう）　福田の御行沼と同じく、行人にかかわる名前である。今のところ、行人塚は確認できない。修験者が住んでいたという。

かわらけ沼　カワラケとは素焼きの土器である。水持ちが悪く水が抜けやすいことをいうのだろう。

3　土塩

阿弥陀沼（あみだ）　付近に阿弥陀堂があったものと思われる。この沼の堤は外側に湾曲するという特徴がある。

えんま沼　近くに閻魔堂があったという。

との谷沼（とのやつ）　殿山の下にある沼である。

南かべ沼（みなみかべ）　北に伸びた尾根はかなりの傾斜をもっているので、これを壁とみて、壁の下にある沼ということで名付けたものか。

北かべ沼（きたかべ）　右と同様である。

てべ沼　ドベがトベ→テベになったもので、泥の多い沼ということだろう。「郡村誌」では金子沼である。

4　和泉

吉沼（よし）　ヨシは葦のことで、葦が生えていたために付いた名前と思われる。「郡村誌」では畑中沼になっている。

吾平沼(ごへい)　吾兵沼ともいう。人名が元になった名称であろう。五兵衛が中心になって作った沼だという。「郡村誌」では堀込沼となっている。

5　菅田

イゴ沼　イゴはカヤツリグサ科のクログワイのことだという。この草の名前によるのであろう。イゴ・エゴが山の切れ込みや窪み・谷を意味する土地もあるので、谷にある沼を示す可能性もある。

6　伊古

ボイ　保井と書かれる。川の流れの跡が沼として残ったもの（河跡湖）をいう。今はないが、明治一七年（一八八四）測量の迅速図に見える。

イゴ沼　菅田のイゴ沼で述べたのと同じ事情である。

新田坊沼（しんでんぼう）　近くに薬師堂跡があり、板碑も出土するという。その堂に住む僧の名前から付いたか。

つぐじ（つぶじ）**沼**　谷の入り口から奥の沼まで、まっすぐな道があるので直ぐ路沼ということなのであろう。「郡村誌」に颶野沼とあるのがこの沼と思われるが、読み方が分からない。ヨウノまたはアゲノであろうか。意味もつかめない。近世の文書に、津ぶじの・徒ぶじの・粒篠などと書かれているものと同じであろう。そうすると颶野はツムジノと読むのではないか。

7　中尾

権現沼（ごんげん）　権現様のそばにある沼である。今の権現様は、少し南に移動している。元の場所は沼の北西、南向き斜面であるという。福島東雄の「武蔵志」には、元の権現社のところから、国分寺瓦と同じような古い瓦が採集されると書かれている。また、清野健次著「日本考古学・人類学史下」には、銅器が出たことが記されている。古代寺院が存在した可能性があるが、よく分からない。「郡村誌」では、清水沼である。

権現社

8　水房

矢崎沼（やざき）　岩のある尾根が張り出したところが矢崎である。その下にある沼である。

半縄沼（はんなわ）「郡村誌」では、半縄田沼になっている。一つに決め難いので、いくつかの解釈をあげておきたい。一、ハンナワは塙で、一段高い所をさす。二、縄には、新開墾地の免租年期の意味もあるというから、通常の半分の期間だけ年貢免除になったのか。三、縄田は縄手という地名に関係するか。

二の免租は、一年縄・二年縄のように表現されるのが通常のようであり、半では意味をなさないように思われる。三の縄手は、畷とも書き、低湿地に土を盛り上げて作った堤防状の道を意味するから、ここでは適当でない。ところで、寛政六年（一七九四）に大石久敬が書いた「地方凡例録」に一縄手ということばがあるのに気付いた。分かりにくい文章だが、耕地の中を通る道ということらしい。

なお、埼玉県内には他に七か所、半縄という地名があり、総合的に判断すると、一段高い所というのが最も自然のように思われる。ところが、十半縄という地名が入間郡上南畑村にあり、本縄田が比企郡杉山村にあるので、それほど簡単ではないかも知れない。意外にも難解な地名である。ここでは、一段高い場所にある沼と考えておきたい。

悪太郎沼（あくたろう）　アクタは低湿地であるが、人名かもしれない。昔は、沼の中央に堤があったという。

9　月輪

あさぎ沼　アサギは緑がかった青色で、水の色からついた名前だろう。「郡村誌」のいう南谷浅黄沼のことであると思われる。

10　羽尾

八王子沼（はちおうじ）　八王子権現を祀った祠があったのだろう。今は、奥の方に八坂神社がある。

倉林沼（くらばやし）　倉林氏の居住によるものだろう。または暗い林かもしれない。「郡村誌」では西谷沼となっている。

高屋敷沼（たかやしき）　貞享四年（一六八七）の裁許状裏の地図には、「とうてう沼」と出てくる。享保一五年（一七三〇）の設楽家文書には、「堂場坊」という人物が見える。「郡村誌」

には、堂城沼とある。道場の意味であろう。これらは、同じものをさしていると判断してよかろう。

同じ設楽家文書には、福言寺という廃寺の名前が出てくる。これは、「風土記稿」にいう福巌寺跡のことであろう。高屋敷沼の北西に、東西三〇メートル・南北三五メートルほどの平場があり、屋敷跡か寺院跡に見える。以上を総合すると、高屋敷沼の近くにある平場は、永禄年中（一五五八〜七〇）に焼失したと考えられる福巌寺跡であり、ドウジョウとか高屋敷などと呼ばれていたと推定できる。この寺跡と思われる平場の北には、塚が六基ある。内容は不明であるが、経塚の可能性があるかもしれない。

この沼の樋管が、工事のとき掘り出され、天保七年（一八三六）の銘が彫られていることがわかった。町指定文化財になっている。

五厘沼（ごりん）　五輪沼とも書く。むかし寺があり、五輪塔が水面に映ったから五輪沼だという。そばに古墳時代の須恵器の窯跡がある。

杉ノ谷沼（すぎのやつ）　スギは削るという意味であって、

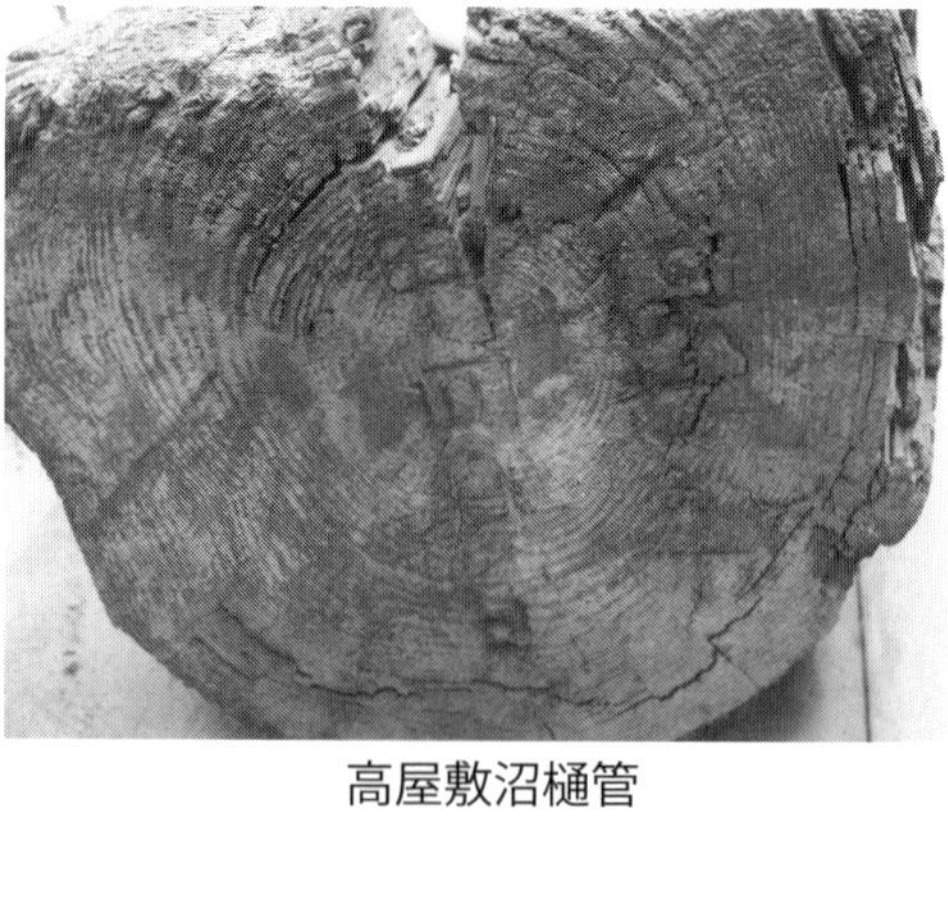

高屋敷沼樋管

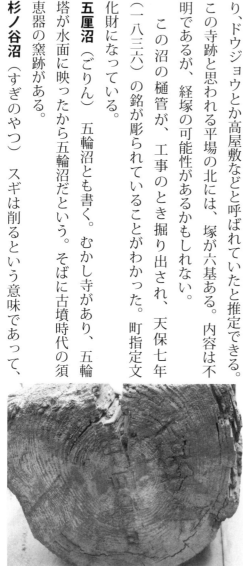

削られてできた谷という名前が杉ノ谷である。

土用在池沼（どようざいいけ）　ドヨがドヨメクのことで、水が落ちる音を表現したものか。ザイケは在家であろうか。いっぽう、夏の期間だけ農家が移住してきて耕作したからという話があるが、どうだろう。疑問である。「郡村誌」では、上用在家となっているが、土用の誤りであろう。

灯篭沼（とうろう）　興長寺の前にあり、縁日に灯篭を灯した沼である。

ザルガヤ戸沼（ざるがやと）　ザルガヤトは、笊のように水が抜けやすい沼のことであろう。浅間社を作るとき笊で土を運んだというが、疑わしいと思う。

六　橋の名前編

不動明王（加田）
安永四年（1775）

1　福田

米池橋　城裏口沼の西の中堀にかかっている橋である。近世文書に、こも池橋という言葉が見え、米池は菰池の変化したものと考えてよいだろう。そうすると、「郡村誌」や「福田村郷土誌」がいう菰池堀は、中堀に相違なく、菰池という池がこの付近にあった可能性が大きいと思われる。北から中堀（菰池堀）が、西から福田大沼方面からの流れが合流する地点であり、不自然ではない場所である。

かざはら橋　矢崎と馬場前の間の中堀に架かる橋である。風原か風張で、北西の季節風が強く吹く所であろう。

米池橋

2　土塩

持合橋　土塩の和田川にかかる橋である。土塩と野原の境になっている。モチアイとは、管理・

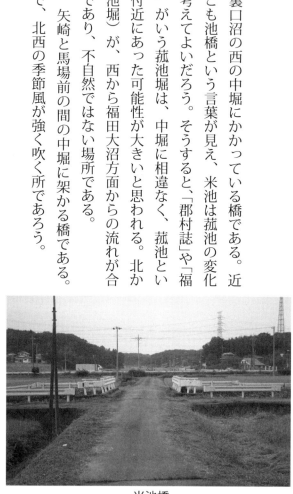

修理の費用を両岸で持ち合うということではなかろうか。

3　和泉

竹の花橋　和泉の泉福寺の西にある橋である。泉福寺の裏にも土塁・空堀があり、三門館跡とのつながりが想定できるから、タケノハナは館の端の意味かもしれない。ただ、地形的には、崖の端の下という意味も捨てきれない。

4　水房

頭殿橋　ズドノバシと読むのだろう。今の上市野川橋のことと考えられる。ズドノ・ジュウドノなどの地名は、湧水・泉を意味するとされる。水房と月輪の間の川南には湿田があり、この辺から水が湧く様子を表現したものと思われる。

矢崎橋　水房の南西端にある橋である。現行の小字には矢崎はないが、この橋の名前と沼の名前に矢崎が残っている。

5　月輪

駒留橋　各地に駒止め石や駒つなぎの木などがあり、有名な武将が馬を止めたとかつないだという話がある。しかし、これは前述のように、私は、荘園の土地を二分したときの境界を表すと考えている。橋のそばに駒爪石という大きな石があると「郡村誌」にはある。境に置いた目印の石だろう。今の場所は分からないが、月輪と羽尾の境にあったものと考えている。

6　羽尾

左落水亀橋　「郡村誌」に見える橋である。読み方も場所も明確でないが、今の市野川橋のことと推測できる。サラミキ橋と読むのであろうか。そうとすれば、ざわめきのことで、水の音が表された名称となる。明和三年（一七六六）の金剛院日記には、「ざワめき」という地名が見えるので、この付近を水の音からザワメキと呼んだと判断してよいだろう。

うま橋　今の市野川橋のことである。馬でなければ渡れない場所だったのだろうかとも考えたが、地元の上野昇氏（現八〇歳）によれば、昔は下の河原で馬や牛の体を洗ったので、馬橋となったのではないかという。この方が自然であろう。

梶淵橋　高橋の上流の橋と思われるので、現在の羽尾平橋のことであろう。カジはカジルの意で、上流からぶつかる流れが川岸を削り崖になった淵ということである。

市場橋　滑川にかかる橋で、小字市場と堰場の境にある。

堂の前橋　市野川橋のすぐ上流側にある。今の両家橋で、川原堂の前の橋である。「郡村誌」には河原橋とでてくる。

七　近世文書に見える小地名

千手観音（放光寺）
安永九年（1780）

検地帳など江戸時代の文書と、明治初期の文書に見られる小地名をあげておく。小字よりも小さい俗称も含まれるようであるが、現行地名を考えるさいに参考になるものが多い。しかし、資料の性質上、読み方と位置が分からないものが多い。それでも、いくつかの特徴ある地名については、可能な範囲で考察を加えてみたい。

1　栗原家文書（福田）

・両表前・芝山前・橋場・下関場・腰巻・関場腰巻・小性・分ン山・仏河原・柿下・芝山前落合・塚畑（天保一〇年名割帳）（一八三九）

・橋端・脇道上・道下・水道端・柿ノ下・大田・大田上・本屋しき・前川端・長渡り・深田・八反田・落合・道上・前道下・橋端下・脇道下・大田長渡り・前苗田・新沼下・脇道入り・脇道端・水道・苗田・かき下・芝山前・前田・はしば（安政二年〜明治一六年田方種卸覚之帳）（一八五五〜一八八三）

2 高柳邦之家文書（福田）

・向嶋巻・分山沼下・栗谷沼下・成就口向沼下・橋場・嶋合通り・新出八木はし・大木沼下・両表沼下・小沼下・大沼下（天保一五年田方反畝歩番附帳）（一八四四）

・谷・八反田・芝山前・両表前・水深・桑木谷・桑木谷前田・久田・前田・わき・川はた・湯谷・大谷・深田・きら田・両表前川ばた・両表前堤外・こしまき・柳木・陣屋前・柿木・前・はしば・沼下・芝山・内田・中山まへ・小性田・落合・水田・湯屋・山ノ根・柿木下・平前・小関・たないばた・天水・曲渕・内郷・こしまき沼下・平野・づうどの・ぬま下・畑合・こしまき道下・こしまき道上・しん出・やかます・大木まへ・にしうら・丸をさ・天神まへ・八木橋・五斗まき・大下沼下・しんで水深・堀之内まへ・丸山こし・こしまき道添・新出ホリ之内・大木まへ畑添・こしまきり・新出八木橋・寺前道上・づら口・新田大道下・四ツをさ・粕沢・前田道添・平前・しゆうじ口・丸山・新出川端・五反田沼下・島合・向沼下・粕沢沼下・花木沼下・八木橋入角ミ・花木・地蔵院脇・沼下・こも池・栗谷・栗谷前・分山前田・分山・分山谷天水場・道上・分山谷・矢さき・前田川はた・鸖巻・町田・花ノ木・熊野免田・町田川はた・関ばた・小性前・花田・曲り道・横右衛門・堀之内前・川はた・池田・前道下・西ケ谷戸町田・大沼下・小沼下・西ケ谷戸前・こも池橋向・下寺前（弘化四年田方名寄帳）（一八四七）

・陣屋裏山・小性裏山・茂平山・小婦多山・片平山・宮山・桑木山・桑木山前山・芝山・嘉平山・吉平前山・山際山・平山・右衛門前山・治右衛門山・弥七山・山田続・次郎平くり山・黒石・くりや山・南谷・矢さき・庄右衛門裏山・鳥居さき・生頭・山中前・南在家・光栄寺山・棒山・道山・陣屋山（明治六年官林箇所控帳）（一八七三）

仏河原　ホトケは、ホドケルの意味があると考えられるので、川の水流が岸や堤を削り、土砂があふれ広がった場所をさすのではないか。

柿ノ下　柿木・柿木下とも書いたようである。カキは欠ける→崖のことで、崖の下ということではなかろうか。

きら田　ギラ・ギロには、粘土の意味があるから、粘土質の田を表現していると思われる。雲母の破片がキラキラ光る土を表す場合もあるが、ここでは粘土質と考えておく。

たないばた　タナイ・タネイは種井のことで、種を水につけたり、洗い物をするために作られた池のことで、その側ということである。

づうどの　水房の項で書いたとおり、ジュウドノ・ヅウドノなどは、湧水を意味する地名であり、しばしば水神として祀られている。泉が湧いていた場所であろう。

丸をさ・四ツをさ　オサとは、田の一区画、一枚の田という意味があるという。丸い田・四枚ひとかたまりの田ほどの意味であろう。比企郡杉山村にも、長をさ・四ツをさという地名がある。

こも池　福田と米池橋の項で述べたように、いま中堀と呼んでいる川は、かつて菰池堀と呼ばれていた。城裏口沼下の西のあたりにこの池があったと推定される。

靍巻　この場合は、細い水の流れが丸く湾曲している様子を表すのであろう。

熊野免田　福田の熊野神社の運営の費用を出すための田であろう。

花ノ木　花木とも書く。花田も近いようである。いま鼻田沼があるあたりか。沼の西の尾根が北に張り出した様子を、端の際と表現したものかと思われる。

小婦多山　中在家にコブタヤマという屋号がある。見晴らしのよい、小舞台山の意味かもしれない。

3　大久保延二家文書（伊古・和泉）

・勝久保山・とうか山・さとうさいけ山・牛が久保・牛が久保山・長谷ツ山・志んが山・丸山・三角原付・日向山・熊野山・久保山・前谷ツ山・舟川山・わき・大野久保山・向山・柴山・山崎山（宝暦一二年御林検地帳写）（一七六二）

・保井向・まつ堂・榎田内・鍵取免（文政七年畑開発覚）（一八二四）

・堂谷・堂谷墓場・堂谷新沼・前・大の田・新沼・台の田墓場・逆沼・丸山・丸山小山・丸山大の田・せと・小山・神戸谷・せど・神戸平・津ぶじの・九郎墓・八王子・八幡台・居森山・前墓場・天神谷・新田・山神・新田坊・谷山（天保五年桑山鍶取名寄帳）（一八三四）

・前墓場・前・台の田・津ぶじの・加田境・屋敷添・広野境・高山沢・墓場・七畝田・居山・せ戸・羽黒山・大平・勝田境・寺台・長坂・逆沼・庚申上・登りと・弥左衛門平・山田・保井向川根・まつ道川根・保井向下・まつ道（天保五年開田成畑名寄帳）（一八三四）

・保井内・松道・杉田内（安政二年諸帳面紛失ニ付調帳）（一八五五）

・前・わき・鍵取免・小関・保ゐ端・橋場・保井向・田内端・苔根・保井下・板田内・関場・高田・保井尻・大木前・河端・下河端・松道・松堂・河内・板堂・松堂河端・北原・柳町・境井谷戸・深田・せと・板道河根・橋道河根・小貝戸前・平前・山田・高山沢・橋道・平わき・山崎・田尻わき・道下・道上・酒井ケ谷戸・如来堂前・居合・如来堂・田尻前・巡戸・鍛冶谷・新沼下・上河端・東学院前・小ケ谷戸・堂谷・堂谷沼成・かち谷・五反田・杉下・天神谷・小山下・つぶしの・柳沢・沼浦・庚申前・古屋敷・道添・墓の前・庭とこ・駒形・屋敷・峰久保・平・うしろ・加田境・大下・屋敷内・高田・保井向堤添・やしきうら・早稲田尻・前辻・田内端・弥兵衛塚・上河端・土橋下・土橋・嘉兵衛前・与左衛門脇・花木・やしき内・大の田・庭・境ケ谷戸・堀向・佐五兵衛脇・矢端・神戸平・寺の前・峯久保・柳町・大の田崎・つふじの・宮の前・門・

薬師堂せと・薬師堂前・的場・元やしき・中山・平・木倉・くづ原・薬師堂・寺前・道正ケ谷戸・大平・八王子前・勇七せと・新沼善徳谷・稲荷山・田尻せと・丸山下・台・新沼谷・前山・東学院山・東学院上・弐ツ山・大六天前・はき原・千駄山・太郎丸境・神戸・神戸沼端・神戸谷・居合谷・宮のミね・大田谷・大野田崎・下大平・上り口・上原・大の田入・大の田山・八幡根・孫右衛門屋敷・居山・堂谷・秋葉下・辻・わし坂（安政五年御水帳改写）（一八五八）・前・榎田内・脇・堰場・芝根・鍵取免・保井端・小堰・橋場・保井向・田内端・保井下・高田・保井尻・大木前・川端・角右衛門脇・下河内・川畑・河内・榎堂・東学院前・八畑・山崎・松道・堺ケ谷戸・柳町・深田・せ戸・榎道川根・鍵取免川根・田尻・忠右衛門脇・酒井ケ谷戸・高山沢・平前・平脇・榎道・松道・道下・道上・如来堂・河端・河畠・田尻脇・瀬戸・鍛冶谷・新沼下・新沼谷・上河端・田尻前・小ケ谷戸前・堂谷・五反田・天神谷・北原・杉下・粒篠・小山下・逆沼・沼浦・庚申前（享和二年田方御検見帳）（一八〇二）・くわ下・つかた・道下・勝久ホ・勝久保・天神前・柳丁・まへ・八反丁・牛久保・神かまへ・八反町・六反丁・牛か久保・鎌之上・堰下・神か・下壱丁・矢仲・大橋・栈敷戸まい・栈敷戸まへ・新道・せき下・芝山前・側はた・山サキ・芝山・舟川・矢中・芝山セキ下・まへ田・向ミぞ・下ミぞ・ミぞ向・前田・沼下・柿木下・脇・押出シ・舟河・溝向・ツかた・塚田・ほり向・角下・落水・後舟川・やぶ下・ほり手まへ・どう坂・下壱丁町（天保十一年和泉村田方

畝歩帳）（一八四〇）

・河田・榎田内・鍵取免・松堂・やばた・保井向・松堂河端・居やしき・境ケ谷戸・わき・ほり向・さ五兵衛わき・下河端・台の田・矢ばた（天保八年御代替リニ付書上写）（一八三七）

熊野山　オクマンの屋号があり、熊野社があったというから、そこを示しているのだろう。

鍵取免　鍵取とは、郷倉などのカギを管理する役で、その手当（費用）に充てる土地を鍵取免と呼んだものである。どこのカギのことか、これだけでは判然としない。

桟敷戸　シャジキドウの屋号があるが、そこが一段高いという意味だろう。

押出シ　堀や川の合流点、または、上から勢いよく水が押し出され、流れ落ちる所であろう。

4　羽尾地区文書

・あくとうゐ・あくとうした・ミやのまへ・あたこた・おもて・おもて畠間・鳥居さき・川はた・ひかし・なか・にし・田間（寛永九年杉本坊田畑帳）（一六三二）

・とり井嶋・たい・大明神やしき・田ハた・ふし塚下・沼しり・沼はた・表ひかし・表なか・表にし・川はた・大久保（正保四年杉本坊田畑帳）（一六四七）

・あくと・あたこ下・宮ノ前・宮田・宮田とりいと・ひかし畑間・かるこ・宮のわき・はんや前（年不詳田畑畝歩書上）
・所名田・ざワめき・富士塚・堀之内・金光寺・内越・糖谷・悪堀・表川向・市場・両家・糠谷・蟹山・悪土・表前・前嶋・大道・我田・鎮守山（明和二～三年金剛院日記帳）（一七六五・六）
・蟹山・悪戸・市場・前嶋・平・堀之内・糟伺戸（享保一三年日光御社参伝馬勤役覚帳）（一七二八）
・堀内・御門畑・焼米山（享保六年恒儀大明神旧記）（一七二一）
・かるこ山・どんどん山（元禄一六年金剛院別当神仏諸事書上）（一七〇三）

あくとうゐ・あくとうした　悪戸上・悪戸下であろう。
あたこた　愛宕田で、愛宕社の費用を出す田であると考えてよい。
かるこ　唐子であろう。
かるこ山・どんどん山　唐子沼の北東にあった丘陵をこう呼んだものらしい。東端にどんどん塚と呼ばれる所がある。伊藤雅治氏によれば、この尾根をやっこめ山（焼米山か）とも呼ぶという。
はんや前　番屋前のことであろうか。
所名田　羽尾館のそばにこれに似たショダナという屋号がある。

ざワめき　橋の名前で書いたとおり、水の音を表した地名である。

5　福田・和泉地区文書

・関ばた・前田・町田川添・川ばた・屋しき前（文政一〇年隠居免書分之事）（一八二七）

・山城・荒・西・寺沼・大下・耕作・生頭・亀ケ入・高根新田・高根・金子・西の原・小姓・分山・新後・粕沢・小姓平・菅田境・寺郷・中郷・土井城入・南谷・堂前・小川・中ノ谷・額妓・南在家・宮入・谷在家・湯谷・梅ケ入・不動入・大久保・萱場・金子西谷・大谷・堂久保・蓮沼・棒山・鳥居谷・弁天・欠沼・大・花田・西ケ谷戸・分山下・栗谷・上地口・大木山・腰巻・笹山・千代鹿山・下・桑木・新沼・向（明治八年福田村内溜井・秣場書上）（一八七五）

・陣屋鋪・陣屋山・八木井・円正寺・小川谷・両表・西ケ谷戸（天保一五年明細帳下書）（一八四四）

・みたにし・はんはまへ（延宝六年永代ニ売渡ス田畑手形之事）（一六七八）

・カツ窪・治郎右衛門前・ツかた・池田・やツミかど・八反丁・しんか前・じんか前・川ばた・壱丁町・前こうち・セき下・山さき・や中・六反丁・しば山・かきノ木下・や敷前・びはたるい・沼下・境田・中ノ沼下・堀こめ（慶安元年田方間地帳）（一六四八）

・どうさか・じんがは・岡ミかど・屋敷前・宮坂・神明ノ木ノ下・かはさき・宮前・じんか木

ノ下・ざとうざいけ・とうか山・かつ窪・とうか谷・うしが窪・沼入・かしか窪・内沢まち・新屋敷前・ほりこめ・かたちり・丸山・山神ノ入・さか下・畑中・だい・窪山・うら・沼ノ上・まつ（か？）り本・おね・舟川・御手作分・や敷前・わき・左ふち・沼下・せど・沼向・舟川前・沼はた・沼ひら・ミね・向山・はらつか・かねつか・せきば・はれつか・前の窪・松原・山うら・やツ・田向・平かうち・上ノ山・内て・山上・かはばた（慶安元年畑方間地帳）（一六四八）・谷山・祢つがいと・丸山・さとうさいけ山・かつ久保山・とうか山・こんげん山・牛久保山・長谷山・日向山・水平山・むかい山・ぢんか山・熊野山・舟川山・前山・無かい山・矢の久保山・柴山・山崎山（元禄一一年和泉村明細帳）（一六九八）

額妓　がっき沼の名称につながるものである。

みたにし　御田西なら、御田は荘園を管理する地頭の直営田の名残かもしれない。ミタがニタまたはヌタの場合は、湿地ということも考えられる。

池田　三門館跡の北にあったという池田のことと推定できる。

やツみかど・岡ミかど　三門館跡が谷の部分と岡の部分にわたる広い範囲であることを示していると考えることができる。

ざとうざいけ　座頭在家であろうか。中世の在家があった証と思われる。

御手作分　御手作は、地頭の直営田を示すと考えられ、荘園など、中世の領地が存在した名残と推定できる。

6　月輪村検地帳（宮島久一家文書）（慶安三年）（一六五〇）

・新道橋きわ・大あらく・ほうかいと・細田・ついぢの前・橋戸・鳥井先・熊野前・より合田・熊野前三叉・沼下・中丸前・大せん田・とうかの前・新堤・南屋つ・沼尻・新道下・新道上・大之田・ついちの前・祢の田・かわた・坂下・境うら・くほ田・わだ・とうめん・せ祢こた・くほた・ふうめう・ゑの木田・井戸尻・ちけんほう・たいの田・半田門・セに子田・おかけ・あいの田・ねからみ・堤根・高橋・新道田向谷津・南谷津・すかやうら・中郷・林・中郷谷・しもかいと・ついちの内・本村前・かぢふち・白□畠・中原・中原道下・下原・下原道上・屋敷之内・新道田向・鳥井先田向・屋敷内・中丸・とうか前・清水根・西原・細沼口・嶋合・川はた・北何門・堤外・堤根・三好畑・門脇・高根山きわ・柿ノ木畠・くほ畠・くよう塚・山根・田嶋・無木山

鳥井先　神社の鳥居の前であろう。月輪神社の前方であろうか。

大あらく　アラクは新規に開墾した土地をさす。広い開墾地のことである。

熊野前　今は熊野神社はなく、どこにあったのかもわからないが、熊野神社があったものと考えられる。

より合田　「改訂綜合日本民俗語彙」を参考にすると、数人が共同で小作する田か、大勢が共同作業で田植えをする田のいずれかと思われる。

とうかの前　月輪村には、篠崎稲荷・宮島稲荷・金井稲荷・大塚稲荷・武井稲荷など稲荷社が多いが、そのどれかの前であろう。

わだ　河川改修により、今の市野川は蛇行が少ないが、昔は曲流していたから、その曲がった所をさすのだろう。

とうめん　堂免のことであろうと推定される。堂の費用を出す田畑である。

セに子た　セミ（ゼニ）は狭い土地という意味がある。ここの田は、幅に対して長さが二～三倍で、細長いとはいえるが疑問も残る。コは処で場所のことか。坂戸市には、銭子田という地名がある。銭に関連する地名か。「日本国語大辞典」には、ゼニコは茅（ちがや）を意味する方言であると出ている。結局、ゼニコダは茅の多い田と考えるのが自然かもしれない。

ちけんほう　慈眼坊のような修験の寺院があったのかと思われる。検地帳の名請人に正覚坊というのがあるのが関係あるかもしれない。

あいの田　土塩の項で書いたように、川の流れの跡が水田になった場所であると考えてよいだろう。

祢からみ　中尾にもあったが、台地の裾を取り巻くような所である。

すかやうら　菅谷村に接した山口・山口下（六軒）のあたりをいうのだろう。

かぢふち　梶淵橋というのが「郡村誌」に出てくるので、市野川の羽尾平橋の上流の付近であろう。川岸が水流に削られて崖になっていたと考えられる。

門脇　寺の門か、大地主の門の脇ということだろうか。

柿ノ木畠　カキは欠けるという意味で、崖のそばをいうのだろう。

くよう塚　月輪村は古墳群があり、古墳の中には名前が付いていたものがあったのだろう。「郡村誌」には、藤原塚などの名が見えている。

7　田方御検地御水帳（慶徳寺文書・寛文五年）（一六六五）（中尾村）

・天神前・加田前・がたまい・用とわん・かた前・かた入・大ノ田・二ツ沼入・坂下・くわんのんめん・かたまい・五反田・寺前・沼下・神戸沼・服そ沼下・やつノまい田・広瀬かい戸前・町田・水しろ・ねからミ・つつみ下・こまかた・こまがたまへ・やなか・一本ゑノ木・東ノ木・

なべうり・はし下・入沼下・林崎・志やうぎ田・八ツ嶋・下田・五つおさ・まゑ田・下根・川畠・長丁・原田・久保田・高田・宮田

くわんのんめん 観音の費用を出す田であろうが、どこの観音堂かよくわからない。

五つおさ 高柳家文書のところで述べたとおり、オサは一枚の田であるから、これは五枚の田が一つのまとまりになっている場所と思われる。

長丁 現行の小字に長町があるので、これと同じものではなかろうか。

八　「新編武蔵風土記稿」の小名編

馬頭観音（弥平松）
寛政七年（1795）

八　「新編武蔵風土記稿」の小名編

「新編武蔵風土記稿」は、江戸幕府官撰の地誌で、文政一一年（一八二八）に成立したものである。

伊子村　上　下　山田　二ノ宮
和泉村　船川　芝山　山崎
菅田村　小名記載なし
土塩村　小名記載なし
福田村　両表　中郷　湯谷
水房村　馬場　矢崎

この馬場・矢崎だけは、「郡村誌」にも、現行地名にもないものである。江戸時代にはあったが、地租改正のころに使われなくなったものと思われる。

小山の台の下のあたりに、バンバの屋号があるから、この辺が馬場であろう。また、嵐山町との境にある橋の名前が矢崎橋であるから、矢崎はこのあたりと考えてよい。馬場については、阿和須神社の背後に水房館跡があり、その麓に馬場があるという配置から、中世武士の馬術訓練場または、神社の参道という意味が想定されよう。「郡村誌」には、流鏑馬が行われていたとの記述がある。馬場は流鏑馬の走った道であろう。福田村の馬場も似た状況である。

中尾村　加田　内郷　前郷
羽尾村　平　前郷　裏郷　打越
月ノ輪村　西荒井　築地　中丸　大堀
山田村　一町田　西田　前谷　中郷

「風土記稿」の小名は、今の大字くらいの感覚で、主なものだけをあげたものであろう。現行小字の七％ほどしか出ていない。記載なしの村もある。

九　「武蔵国郡村誌」の字地編

地蔵菩薩（清水）
弘化五年（1848）

「武蔵国郡村誌」は、太政官布告により埼玉県が編集した地誌で、明治九年（一八七六）に成立した。

月輪村《つきのわ》　山口《やまぐち》　中丸《なかまる》　西荒井《にしあらゐ》　大堀《おほほり》　築地《つきぢ》　駒留《こまとめ》　御新田《ごしんでん》

　この中では、駒留だけが今は使われていない。駒留は、そこで馬を止めなければならないということを意味していると考えられる。つまり境界、牓示である。そばにあったという駒爪石は牓示石なのではないか。羽尾の両家のところで述べたように、荘園時代の下地中分のあった痕跡であると思う。正確な位置は不明であるが、月輪と羽尾の境界にあったと考えることができる。

羽尾村《はねを》　平《たひら》　大谷《おほやつ》　悪戸《あくど》　堀の内《ほりのうち》　表《おもて》　糠《ぬか》ケ谷戸《やど》　山屋敷《やまやしき》　西谷《にしやつ》　照《てぬ》ケ谷《がや》　打越《うちこし》　金光地《こんこうじ》
蟹山《かにやま》　東谷《ひがしのや》　新宿《しんじゅく》　両毛《りやうけ》　又五郎《またごらう》

水房村《みづふさ》　下《しも》の前《まへ》　表《おもて》の前《まへ》　上《かみ》の前《まへ》　寺《てら》の台《だい》　小山《をやま》の台　年中坂《てんじゅざか》　柚谷《ゆのきやつ》　蟹沢《かにさは》　中芝《なかしば》　炭竈《すみがま》　坂《さか》
の台《だい》　坂下《さかした》

伊古村《いこ》　山田《やまだ》　二《に》の宮《みや》　上《かみ》　下《しも》

中尾村《なかを》　前郷《まへがう》　内郷《うちがう》　加田《かだ》　大平《おほひら》　神戸《がうど》

菅田《すがた》村　庄助《しやうすけ》　新沼谷《ぬまや》　峯《みね》　大院《いん》　田島

菅田村では、新沼谷以外は今は使われていない。地租改正のときに変えたのであろう。

山田《やまだ》村　本納地《ほんのうち》　矢崎前《やざきまへ》　根岸前《ねぎしまへ》

福田《ふくだ》村　上両表《かみりやうおもて》　中両表　西両表　下両表　東両表　腰巻前《こしまきまへ》　腰巻　大木裏　大木前　大木
大ケ谷戸《おほがやど》　新出《しんで》　新庭《しんてい》　下《しも》　下耕地《しもがうち》　粕沢《かすざは》　山際《やまぎは》　寺前《てらまへ》　新田《しんだ》　小性《こしやう》　新谷《にひや》　馬場　馬場前《ばばまへ》
妻前《つまへ》　富士根《ふじね》　稲荷前《いなりまへ》　中在家　山中

和泉《いずみ》村　八垣《やかき》　畑中《はたなか》　船川《ふなかは》

土塩《つちしほ》村　新屋敷《あらやしき》　薬王寺《やくわうじ》　広地家《こうちや》

「郡村誌」の字地は、現行小字の二三％程度が出てくるが、村ごとに出現率に違いがある。書上（申告）の方針の相違が反映しているのだろう。

一〇　屋号編

大黒天（寺山）
嘉永七年（1854）

屋号は、地名ではないが、地名に準ずる性質があるので、少し取り上げてみたい。地名の研究にも参考になると考える。「滑川村の沼とその民俗」からいくつか抜粋し、該当する漢字を想定して付記した。

1　福田

こしまき　腰巻　丘陵尾根の裾を取り巻くような位置にあるためだろう。
あわしま　淡島　淡島社があったのだろう。
たちのはな　館の端　山城沼と長沼の間にあったと思われる城館跡のはずれという意味だろう。
じんや　陣屋　福田村の領主である旗本酒井氏の陣屋があった場所である。
はんぎょう　高札場　高札場があった所かもしれない。板行か。神奈川県津久井町では、高札場のそばの家をゴハンバ（御判場）と呼ぶ例がある。
らいでんした　雷電下　上の尾根に雷電神社があった。今はなく、浅間神社に合祀されている。
だいこえん　大光院　修験の寺院があったのだろう。年欠（明治初期）の神山勝政家文書には、大光院という言葉がみえる。

がっこう　学校　明治六年（一八七三）、光栄寺に福田学校が最初に置かれたためにこう呼ばれた。

こぶたやま　小婦多山　明治初期の文書で、漢字がわかる。尾根の上の方にあり、舞台のようによく見え、見晴らしもよいから、小舞台山かと思われる。

2　山田

わたど　渡処　滑川を渡る場所であろう。

おくまんめえ　御熊野前　熊野社の前ということである。

ねがらみ　根がらみ　尾根の下に取りつくような位置を表現したものである。

おとろ　草や木が茂っている所か水の音が激しい所をオドロというので、そのいずれかと思われる。地形からは草木の繁茂した場所の方が適当か。

3　土塩

じゅーろっこく　十六石　土塩村は、江戸時代には、複数の旗本が支配する相給村であった。十六石支配したのが、宮崎備前守である。この部分を所持していた家を十六石と呼んだものであろう。備前守は宮崎時重のことであろう。

ましした　ママは崖を意味する地形語である。崖の下の家である。

じぞうえん　地蔵院　地蔵院という堂があった。

もとじめ　元締　滑川村史調査報告書「民俗資料一」(一九七九)では、山師(木を伐る人)が師匠のことを元締と呼んでいるので、樵の親方をいうのであろう。

4　和泉

とうかまえ　稲荷前　稲荷社の前である。

じんがわ　陣側　小字陣場のそばということか。

しゃじきどう　桟敷処　天保一一年(一八四〇)の大久保延二家文書に、桟敷戸まへという地名が見えている。桟敷のように一段高い所という意味であろう。

5　伊古

ひげや　枇木屋　枇木（ひげ）を作っていた所だろう。

6　中尾

じゅうろくざか　十六坂　地元在住の伊藤雅治氏（現八九歳）によると、坂が多いからではないかという。ジュウロク（またはトウロク）には、方言でジュウロクササゲ（十六豇豆）など、ササゲ（大角豆）・インゲンマメ（隠元豆）を指す地方があるから、このような豆類が坂の側に栽培されていたのかもしれない。

びわがいり　琵琶帰り　始めは、琵琶の形の谷かと考えたが、伊藤雅治氏によれば、琵琶法師に係わるものだという。むかし定期的に村々を巡回してきた琵琶法師（琵琶を演奏し物語る人）の後をついて行った子どもたちが、中尾と水房の境であるこのあたりで引き返す場所であり、琵琶法師が振り返る場所であったというのである。牛窪と坂ノ台の境目である。

ねずみかべ　鼠壁　鼠色に塗った壁を鼠壁という。漆喰に灰炭を混ぜるということである。この壁の特徴をとらえた屋号であろう。

だいもん　大門　慶徳寺の前に当る。門があったかどうか分からないが、寺の入り口という意味でこう呼ばれたようである。

じごくだに　地獄谷　深く恐ろしげな谷ということか。「滑川村史民俗編」には、木が鬱蒼と繁っていたので、樹木谷で、それが地獄谷に変化したとの伝説を載せている。

かわだな　川棚　川端などに作られた物洗い場のことで、ここでは沼のそばである。

かんそうば　乾燥場　養蚕が盛んなころ、繭を乾燥させるための生繭殺蛹乾燥場があった所である。

7　水房

ばんば　馬場　馬場は馬が走った所か、神社の参道である。水房館跡の下であるから、馬の道であろう。「郡村誌」には、阿和須神社では流鏑馬が行われたと書かれているので、その神事の場であろう。

みどう　御堂　法善寺の観音堂が近いので、こう呼ばれたものであろう。

8　羽尾

いちば　市場　滑川のそばに市が立ったのだろう。

うめか　埋処　崖崩れなどによって埋まった所ではないかと思う。「金剛院日記」明和三年（一七六六）七月二九日の項に、「表次右衛門背戸欠ル」・八月二九日の項に「夜中表次左衛門背戸欠ル」という記事がある。表の集落では大雨のため二度の崖崩れか地すべりがあったのだろう。七月の場合は、前の一週間に三日雨が降り、前日に「大水出ル」とある。八月には、前の七日間のうち六日が雨で、前日には「大水先の水ニ壱尺深シ」となっている。

うまばし　馬橋　現在の市野川橋のことで、馬を洗う橋のそばということである。

ぞうがはな　象ケ鼻　市野川が象の鼻ように細長く曲がった地形をとらえた地名によるか。

つけげや　附木屋　つけぎやと同じ。

しょだな　意味はよく分からないが、「武蔵誌」に羽尾城はショナタという所にあると書かれている。ショダナなら、ダナは丘陵上の平地をさすか。明和二年（一七六五）の金剛院日記（設楽家文書）には所名田・天保一一年の文書（同）では諸名田と出ている。本来はショナタであり、ショダナはこれが変化したものであろう。ナタはなだらかな傾斜地か。または日向のことだろうか。

しんばし　新橋　今の羽下橋の所に新しい橋を造ったことにちなむのだろう。

どーやま　堂山　阿弥陀堂のある所の意味である。

とーじゅ　当住　本家のことで、分家を出した家ということである。

ちょうえんど　よくわからないが、長円（延）堂のような堂があったのかもしれない。

どうろくじん　道陸神　双体道祖神のことを言ったものである。

さんきょういん　三教院　「風土記稿」に当山派修験で不動を本尊とすると出ている寺院のことである。

こうば　工場　明治から大正にかけて島田氏が白絹反物の機織り工場（島田工場）を経営していたことによる屋号である。

いわや　岩屋　岩屋塚古墳という古墳の横穴式石室が、封土を失って露出している。

おすわ　御諏訪　諏訪神社の元の持ち主であると伝える。

むじなづか　狢塚　土用在池沼で書いたとおり。

ほーどじ　寶蔵寺　「風土記稿」に、天台宗行人派で大日を本尊とする、と出ている寺院ではなかろうか。

あたごやま　愛宕山　愛宕山の麓で、山には御嶽愛宕神社が

岩屋塚古墳石室

ある。江戸時代には、慈明院と呼ばれ、「風土記稿」では、本山派修験で不動を祀ると出ている。なお、愛宕山の西側斜面には大戦末期の地下壕跡がある。これは陸軍松山飛行場の燃料を保管する予定であったものである。

9　月輪

こうしんづか　庚申塚　庚申塔を建てた場所である。庚申塔は塚の上に立てる場合がある。

さかさぼり　逆堀　中丸沼（中沼）の水を、月輪神社の西に堀を掘って北の天神沼に流したことを、地形に逆らっているのでこう呼んだのだと考えられる。

つけぎや　附木屋　今のマッチにあたる、火をつける時の道具を作るか売っていたのだろう。

おてんぐさま　御天狗様　天狗の面を祀った修験寺院があったのだろうと思われる。

あとがき

地名の解釈は難しいということははじめにも書いた。ある解釈が出されても、当っているかも知れず、違うかも知れないということで、はっきりした成立事情でも把握していない限り、何ともいえない場合が多い。また、地名は成立した年代がよく分からない場合がほとんどである。違った時期のものが累積し、文字が変わったり、発音が変化したり、誤写されたりしていることが少なくない。まことに捉えにくいものである。

しかし、他の地域の例やよく似た地名を比べることによって、少しずつ解明されるものであると思う。そのためには、いくつかの仮説を提示しておくのも多少の意義のあることであろう。不思議な地名もある。愛知県豊田市には、酒呑ジュリンナという遺跡がある。シャチノミもジュリンナもよく分からない。東松山市野本には主林名という地名がある。シュリンナはジュリンナと同じかも知れない。もしかしたら、修理名か修理免のことか。寺社の修理の費用を出すため年貢が免除された土地のことである。こんなことを考えるのは限りなく楽しいものである。地名は奥が深いといわなければならない。

地名は転訛する。アクツ・アクタ・アクト・アキツ・アケトが同じものだと聞くと、疑問を持つ人もいるかもしれない。しかし、「知ってる」が、「知ったある」「知っとる」「知っちょる」と同じなのと同様であり、たとえば、松葉も的場の変化したものと考えてよいのである。

むかし通勤の途上で毎日のように目にした表札のことが思い出される。信号があって、止まるたびに目に入ってくるのであった。「百目鬼」という表札である。地名を研究していれば、ドウメキと読み、水の落ちる音を表していることはすぐに分かる。ドドは十・十であり、かけると百になるというわけだ。ドドメキ・ガラメキ・ザワメキ・トドロキなども同類の地名である。こうして、車を運転していても目にする地名が気になってしかたないのである。高校生のころから数えて四十数年のあいだ地名を考えてきたが、この本を一里塚として、今後も考えることを続けていきたいと思っている。

なお、地名の解説には、本来ならば、一つ一つの典拠・文献の注をつけるべきであるが、一般向けの書物ということから、煩雑を避け省略した。

「滑川村史」の編纂に参加させていただいた経験が今回の執筆にも大いに役立った。勉強の機会が与えられたことに感謝している。思えば、中学で関根智司先生、高校では小泉功先生、大学では和島誠一・近藤義郎・春成秀爾・小野昭の各先生に教えを受けた。小泉・和島・近藤の各先生はすでに故人となり、その分、自分も歳をとった。ここであらためて各先生方に感謝申し上げたい。韮塚一三郎氏の地名の講演を聞いてから約五〇年、「滑川村史」が刊行されてから三〇年、時の流れを痛感するが、本書が、地名について考えてきた小さな記念になればと思っている。

滑川町の歴史についてのいろいろな情報は、日頃から吉田憲正・木村俊彦・関口正幸各氏から提供していただいている。また、古文書の解読には内田満氏から御協力をえた。そのほか、多くの方々から御教示をうけた。ここに感謝の意を表します。

二〇一四年十月二三日

高柳　茂

参考文献

新編武蔵風土記稿　雄山閣　一九七一
武蔵国郡村誌　埼玉県立図書館　一九五四
賀茂真淵全集十九　続群書類従完成会　一九八〇
本居宣長全集十一　筑摩書房　一九六九
吉田東伍　大日本地名辞書六坂東　冨山房　一九八六
新訂寛政重修諸家譜　続群書類従完成会　一九六六
柳田國男　地名の研究　角川文庫　一九六八（元版一九三六）
池田末則　地名の知識１００　新人物往来社　一九七七
池田末則・丹羽基二監修　日本地名ルーツ辞典　創拓社　一九九二
池田末則編　日本地名基礎辞典　日本文芸社　一九八〇
池田末則　地名伝承学　五月書房　二〇〇二
池田末則　日本地名伝承論　平凡社　一九七八
池田末則編　奈良の地名由来辞典　東京堂出版　二〇〇八

池田末則　地名伝承学論　五月書房　二〇〇二
鏡味完二　日本の地名　角川新書　一九六四
鏡味完二・鏡味明克　地名の語源　角川書店　一九七七
吉田金彦・糸井通浩編　日本地名学を学ぶ人のために　世界思想社　二〇〇四
松尾俊郎　地名の探求　新人物往来社　一九八五
松尾俊郎　日本の地名　新人物往来社　一九七六
谷川彰英　地名の魅力　白水ブックス　二〇〇四
谷川彰英　「地名」は語る　祥伝社黄金文庫　二〇〇八
今尾恵介　地名の社会学　角川選書　二〇〇八
服部英雄　地名のたのしみ　角川ソフィア文庫　二〇〇三
服部英雄　地名の歴史学　角川書店　二〇〇〇
服部英雄　景観にさぐる中世　新人物往来社　一九九五
楠原佑介・本間信治　地名伝説の謎　新人物往来社　一九七六
楠原佑介・溝手理太郎編　地名用語語源辞典　東京堂出版　二〇〇〇
楠原佑介ほか編著　古代地名語源辞典　東京堂出版　一九八一
小川豊　危険地帯がわかる地名　山海堂　一九八三

小川豊　あぶない地名　三一書房　二〇一二
浜田逸平　日本地名散歩　朝日文庫　一九九七
山口恵一郎　地名を考える　ＮＨＫブックス　一九七七
山口恵一郎　地名を歩く　新人物往来社　一九七六
藤岡謙二郎　日本の地名　講談社現代新書　一九七四
武光誠　地名から歴史を読む方法　ＫＡＤＯＫＡＷＡ夢新書　一九九九
谷川健一　日本の地名　正・続　岩波新書　一九九七・九八
丹羽基二　地名　秋田書店　一九七六
本間信治　日本古代地名の謎　新人物往来社　一九七六
熊谷の地名と旧跡　熊谷市立図書館　一九九三
吉田茂樹　日本地名語源事典　新人物往来社　一九八一
吉田茂樹　日本地名大事典上下　新人物往来社　二〇〇四
松永美吉　民俗地名語彙事典　上・下　三一書房　一九九四
韮塚一三郎　埼玉県地名誌改訂新版　北辰図書　一九七七
山中襄太　地名語源辞典　校倉書房　一九六九
山中襄太　続・地名語源辞典　校倉書房　一九七九

一志茂樹　地方史の道　信濃史学会　一九七六
落合重信　地名研究のすすめ　国書刊行会　一九八三
千葉徳爾　新・地名の研究　古今書院　一九八三
足利健亮　景観から歴史を読む　ＮＨＫ出版　一九九八
角川日本地名大辞典11埼玉県　角川書店　一九八〇
埼玉県の地名　日本歴史地名大系11　平凡社　一九九三
飯能市史資料編XI地名・姓氏　飯能市　一九八六
郷土の地名　志木市　一九八八
川島町の地名　川島町　一九九九
鳩山の地名　鳩山町　二〇〇二
日本国語大辞典全一〇巻　小学館　一九八一
大野晋・佐竹昭広・前田金五郎　岩波古語辞典　岩波書店　一九七四
東條操編　全国方言辞典　東京堂出版　一九八八
菅原義三編　国字の字典　東京堂出版　一九九九
都丸十九一　地名のはなし　煥乎堂　一九八七
都丸十九一　続・地名のはなし　煥乎堂　一九八九

都丸十九一　地名研究入門　三一書房　一九九五
嵐山町誌　嵐山町　一九六八
岡田潔　東松山の地名と歴史　まつやま書房　二〇一〇
吉見郷土史研究会編　吉見の地名と方言　吉見町立図書館　二〇〇二
坂戸風土記一五　坂戸市教育委員会　一九八九
新編埼玉県史資料編10近世1地誌　一九七九
新編埼玉県史資料編8中世4記録2　一九八六
埼玉県教育史一　埼玉県教育委員会　一九六八
埼玉県教育史金石文集上下　埼玉県教育委員会　一九六七・六八
滑川村合併史　滑川村教育委員会　一九七六
栗原家文書　滑川村史編さん室　一九七七
高柳邦之家文書　滑川村史編さん室　一九七八
大久保延二家文書　滑川村史編さん室　一九七九
羽尾地区文書　滑川村史編さん室　一九八〇
福田・和泉地区文書　滑川村史編さん室　一九八一
滑川の石仏　滑川村史編さん室　一九八二

滑川村の沼とその民俗　滑川村史編さん室　一九八一
滑川村史通史編　滑川町　一九八四
滑川村史民俗編　滑川町　一九八四
滑川嵐山ゴルフコース内遺跡群　同遺跡群発掘調査会　一九九七
神山茂久「竹二坊について」「校舎竣工記念誌」埼玉県立滑川高等学校　一九七八
斎藤喜久江・斎藤和枝　比企遠宗の館跡　まつやま書房　二〇一〇
神山熊蔵　福田村郷土誌　一九一三
宮崎貞吉　宮前村郷土誌　一九二六
比企郡神社誌　神社庁比企郡市支部　一九六〇
森田悌「官社小考」「東国の考古学」六一書房　二〇一三
滑川村福田全図　東日本測図社　一九七六
最新版埼玉県滑川村土地宝典福田地区　日本公図株式会社　一九七六
滑川町都市計画図一〜一五　二五〇〇分一　滑川町役場　二〇一二
四方田悟「滑川町和泉泉福寺板碑について」「埼玉史談三八—一」一九九一
神山健吉「ジュウドノ考」「埼玉史談三八—一・二」一九九一
石井昇「亀田鵬斎とそれに連なる人々の碑・額」「埼玉史談六〇—三」二〇一三

地名と地盤　一条工務店ホームページ
網本逸雄　京都盆地の災害地名　勉誠出版　二〇一三
小和田哲男　戦国史を歩んだ道　ミネルヴァ書房　二〇一四
岡野信子　屋号語彙の開く世界　和泉書院　二〇〇五
大石慎三郎校訂　地方凡例録上下　近藤出版社　一九六九
伊奈町史編集室編　伊奈町の屋号・屋敷神　一九九二
中英夫　武州の力士　埼玉新聞出版局　一九七六
中村光次　埼玉の双体道祖神とその信仰　一九八二
埼玉人物事典　県政情報センター　一九九八
三上義夫「武蔵比企郡の諸算者二・三」「埼玉史談一一―六・一二―一」一九四〇
部報比企3―比企地方の地下軍事施設　埼玉県立滑川高等学校郷土部　一九八四
部報比企5―本土決戦と幻の地下司令部　埼玉県立滑川高等学校郷土部　一九八七
幻の飛行場―旧陸軍松山飛行場の記録　埼玉県立玉川工業高等学校郷土研究部　一九九九
平成二五年度版郵便番号簿　日本郵便株式会社　二〇一三
高柳茂「『永仁六年六月三日藤原某譲状写』をめぐって」「研究紀要1」埼玉県立桶川高等学校　一九八五
高柳茂「壬生吉志氏による地名移入説について」「研究紀要4」埼玉県立桶川高等学校　一九八八

高柳茂　「滑川町の中世城館跡」「研究紀要5」　埼玉県立桶川高等学校　一九八九
高柳茂　「忍城主成田氏に属した南一揆二十三騎について」「研究紀要6」　埼玉県立桶川高等学校　一九九一
高柳茂　「滑川町泉福寺板碑をめぐって」「研究紀要8」　埼玉県立桶川高等学校　一九九三
高柳茂　「滑川町の古代仏教関連遺跡と周辺の郡と郷」「研究紀要9」　埼玉県立桶川高等学校　一九九四
高柳茂　「『じょうどの』という地名について」「研究紀要16」　埼玉県立川越女子高等学校　一九九九
高柳茂　「福田村領主酒井氏の陣屋について」「埼玉史談五八―三」　二〇一一
高柳茂　「荘園に関する小字地名について」「埼玉史談五八―四」　二〇一二
高柳茂　「古代東山道武蔵路―越辺川から利根川まで」「埼玉史談六〇―四」　二〇一四

—小字索引—

(福)=福田　(山)=山田　(土)=土塩　(和)=和泉　(菅)=菅田
(伊)=伊古　(中)=中尾　(水)=水房　(月)=月輪　(都)=都　(羽)=羽尾

会ノ田　あいのた　(土)63
悪戸　あくと　(羽)110
油免　あぶらめん　(土)62
阿弥陀谷　あみだやつ　(土)61
新井　あらい　(山)54
荒井　あらい　(中)80
新屋敷　あらやしき　(土)61
居合　いあい　(伊)75
石原　いしはら　(土)61
石山　いしやま　(福)49
泉沢　いずみざわ　(中)84
市場　いちば　(羽)110
一丁田　いっちょうだ　(山)59
一天具　いってんぐ　(羽)102
伊藤谷　いとうやつ　(土)59
稲荷前　いなりまえ　(福)46 (羽)105
居山　いやま　(中)80
入沼　いりぬま　(中)85
岩井口　いわいぐち　(土)61
巌山　いわやま　(伊)78
植木山　うえきやま　(土)63
上ノ台　うえのだい　(土)61
上ノ山　うえのやま　(月)95
植松　うえまつ　(羽)103
兎山　うさぎやま　(土)65
牛窪　うしくぼ　(和)70 (中)85
後台　うしろだい　(和)66
後船川　うしろふねがわ　(和)66
後谷　うしろやつ　(山)54 (和)67
内郷　うちごう　(中)80
打越　うちこし　(羽)103
内田　うちだ　(中)81 (羽)102
榎　えのき　(福)48
円正寺　えんしょうじ　(福)49
円正寺裡　えんしょうじうら　(福)49
閻魔谷　えんまやつ　(土)61
小江戸　おえど　(羽)111
大入　おおいり　(和)70
大ケ谷戸　おおがやと　(福)35
大木　おおぎ　(福)34
大木裡　おおぎうら　(福)34
大木前　おおぎまえ　(福)34
大久保　おおくぼ　(福)49 (月)97
大立　おおだて　(中)84
大沼　おおぬま　(福)40 (山)53
大平　おおひら　(伊)78 (中)84
大堀　おおほり　(月)97
大堀西　おおほりにし　(月)94
大堀前　おおほりまえ　(月)97
大谷　おおやつ　(羽)108
小川谷　おがわやつ　(福)44
小川谷東　おがわやつひがし　(福)44
小川谷山　おがわやつやま　(福)44
乙追山　おつおいやま　(山)50
追越　おっこし　(山)56
表ノ前　おもてのまえ　(水)86
表前　おもてまえ　(羽)105
小山ノ台　おやまのだい　(水)87
柿町　かきまち　(土)61
鍛冶谷　かじやつ　(伊)74

柏木 かしわぎ (中)83
粕沢 かすざわ (福)35
糟沢 かすざわ (福)36
加田 がだ (中)81
加田前 がだまえ (中)81
鰹ケ谷戸 かつがやと (土)61
勝窪 かつくぼ (和)71
金熊 かなくま (月)94
蟹沢 かにさわ (水)88
蟹山 かにやま (羽)100
金子 かねこ (福)43 (土)63
金子西 かねこにし (福)42
上中郷 かみなかごう (福)42
上ノ前 かみのまえ (水)86
上湯谷 かみゆや (福)48
上両表 かみりょうもて (福)32
亀ケ入 かめがいり (福)47
唐子 からこ (羽)108
川田 かわだ (羽)101
川端 かわばた (山)58
川袋 かわぶくろ (月)91
川向 かわむかい (羽)105
蟹沢 がんざ (土)62
北ノ原 きたのはら (福)49
北原 きたはら (伊)74
北谷 きたやつ (月)92
久保田 くぼた (山)54 (中)80
窪田 くぼた (月)91
蔵ノ前 くらのまえ (羽)111
栗谷 くりや (福)40
郭 くるわ (伊)74
桑木谷 くわぎやつ (福)40
甲追山 こうおいやま (山)50
耕作 こうざく (福)46
広地家 こうじや (土)64
郷社後 ごうしゃあと (伊)75
郷社前 ごうしゃまえ (伊)77
広地家脇 こうじやわき (土)64
神戸 ごうど (中)83
神戸上 ごうどかみ (中)84
腰巻前 こしまきまえ (福)34
腰巻 こしまき (福)34
小性 こしょう (福)39
古性 こしょう (福)39
小性前 こしょうまえ (福)39
後新田 ごしんでん (月)97
五反田 ごたんだ (土)65
駒形 こまがた (中)83
古屋敷 こやしき (月)89
小山 こやま (伊)78
金光地 こんこうじ (羽)104
堺外戸 さかいがいと (伊)74
逆沼谷 さかさぬまやつ (伊)77
坂下 さかした (土)62 (水)88
坂ノ台 さかのだい (水)88
笹山 ささやま (山)54 (土)65
佐藤山 さとうやま (土)64
笊山 ざるやま (中)84
三軒新田 さんげんしんでん (福)50
山王 さんのう (山)58
山王谷 さんのうやつ (山)58
三本木 さんぼんぎ (山)54
篠 しの (月)93
芝山 しばやま (福)40
柴場山 しばやま (土)65
柴山 しばやま (和)66
柴山前 しばやままえ (和)66
清水 しみず (山)52 (中)81 (羽)100
下 しも (福)35
下耕地 しもこうち (福)35
下田 しもだ (菅)73 (中)81 (羽)103
下沼 しもぬま (中)80
下ノ前 しものまえ (中)86 (水)86
下両表 しもりょうもて (福)34
十三塚 じゅうさんづか (羽)98

西荒井後　にしあらいあと　(月)91
西荒井前　にしあらいまえ　(月)92
西打越　にしうちこし　(羽)103
西浦　にしうら　(和)72
西表　にしおもて　(羽)105
西ケ谷戸　にしがやと　(福)40
西耕地　にしこうち　(和)71
西田　にしだ　(山)58
西平　にしだいら　(羽)106
西ノ谷　にしのやつ　(羽)100
西富士塚　にしふじづか　(和)70
西谷　にしやつ　(山)53
西谷ツ　にしやつ　(羽)102
西山　にしやま　(山)58
西両表　にしりょうもて　(福)32
二ノ宮山　にのみやさん　(伊)77
糠ケ谷戸　ぬかがやと　(羽)101
沼田　ぬまた　(土)63
祢がらみ　ねがらみ　(中)81
根岸　ねぎし　(山)56
根岸前　ねぎしまえ　(山)58
根肥　ねごい　(山)52
猫ケ谷　ねこがやつ　(和)70
猫谷　ねこやつ　(中)85
年中　ねんちゅう　(中)84
年中坂　ねんちゅうざか　(水)87
橋下　はしした　(中)80
橋戸上　はしどうえ　(月)94
畠中　はたけなか　(和)67
畠中前　はたけなかまえ　(和)67
花気　はなき　(中)85
花見田　はなみだ　(土)63
林　はやし　(月)89
林崎　はやしざき　(中)80
棘山　ばらやま　(山)52
馬場　ばんば　(福)43
馬場裡　ばんばうら　(福)43
馬場前　ばんばまえ　(福)43
東　ひがし　(山)54
東表　ひがしおもて　(羽)105
東耕地　ひがしこうち　(和)67
東金光地　ひがしこんこうじ　(羽)104
東平　ひがしだいら　(羽)105
東ノ谷　ひがしのやつ　(羽)98
東富士塚　ひがしふじづか　(和)70
東谷ツ　ひがしやつ　(羽)102
東両表　ひがしりょうもて　(福)34
百間山　ひゃっけんやま　(月)95
百間山東　ひゃっけんやまひがし　(月)97
百間山南　ひゃっけんやまみなみ　(月)97
広瀬　ひろせ　(中)83
吹立山　ふきだてやま　(土)65
富士塚　ふじづか　(和)70
不二塚　ふじづか　(羽)107
富士根　ふじね　(福)46
二ツ沼　ふたつぬま　(中)84
船川　ふねがわ　(和)67
麓　ふもと　(伊)75
分山　ぶんやま　(福)40
分山谷　ぶんやまやつ　(福)41
弁才天　べんざいてん　(土)63
弁天谷　べんてんやつ　(土)63
棒山　ぼうやま　(福)43
堀込　ほりごめ　(和)67
堀ノ内　ほりのうち　(羽)107
本納地　ほんのうち　(山)52
前組　まえぐみ　(中)80
前船川　まえふねがわ　(和)66
前谷　まえやつ　(山)55　(菅)72
前山　まえやま　(土)62
曲本　まがりもと　(和)67
又五郎　またごろう　(羽)101
町田　まちだ　(土)65
松木　まつき　(中)80
松原　まつばら　(和)66

的場　まとば　(伊)77
間堀　まぼり　(月)95
丸山　まるやま　(山)59 (和)70
三門　みかど　(和)67
水押　みずおし　(土)61
水深　みずふか　(羽)103
溝半田　みぞはた　(月)89
南柿町　みなみかきまち　(土)59
南在家　みなみざいけ　(福)48
南薬王寺　みなみやこうじ　(土)62
南谷　みなみやつ　(月)92
南谷原　みなみやつはら　(月)92
峯　みね　(和)66
都　みやこ　(都)97
宮田　みやた　(山)53
宮前　みやまえ　(山)53 (月)89
向　むかい　(和)66 (菅)72
向船川　むかいふねがわ　(和)66
狢谷　むじなやつ　(福)46
八垣　やがき　(和)71
薬王寺　やこうじ　(土)62
矢崎　やざき　(福)40
矢崎前　やざきまえ　(山)54
矢尻　やじり　(月)93
谷　やつ　(山)54 (中)83
谷在家　やつざいけ　(福)48
八嶋　やつしま　(中)80
谷ノ前　やつのまえ　(羽)101
矢中　やなか　(和)66
柳沢　やなぎさわ　(伊)77
柳谷　やなぎやつ　(土)65
弥平松　やへいまつ　(伊)73
山際　やまぎわ　(福)39
山口　やまぐち　(月)92
山口下　やまぐちした　(月)92
山口前　やまぐちまえ　(月)92
山崎　やまざき　(山)56 (和)67
山田　やまだ　(伊)77
山田谷　やまだやつ　(伊)77
山中　やまなか　(福)49 (土)63
山ノ上　やまのうえ　(土)64
山屋敷　やまやしき　(羽)101
柚谷　ゆずやつ　(水)88
湯谷　ゆや　(福)42
湯谷山　ゆややま　(福)48
用戸庵　ようどあん　(中)85
横峯　よこみね　(中)84
吉田　よしだ　(羽)108
四反田　よんたんだ　(菅)72
龍毛　りゅうげ　(菅)73
両家　りょうけ　(羽)100
両家原　りょうけはら　(羽)101
早稲田　わせだ　(羽)111

著者略歴

高柳 茂（たかやなぎ　しげる）

1951年　埼玉県生まれ
1975年度から2010年度まで埼玉県立高校教員

日本考古学協会会員
滑川町文化財保護委員会委員長
著書「滑川村史通史編」古代・中世の一部分担執筆

滑川町の地名

2015年1月25日　初版第一刷発行
著　者　高柳 茂
発行者　山本　正史
印　刷　恵友印刷株式会社
発行所　まつやま書房
〒355－0017　埼玉県東松山市松葉町3－2－5
Tel.0493－22－4162　Fax.0493－22－4460
郵便振替　00190－3－70394
URL:http://www.matsuyama－syobou.com/

ISBN 978-4-89623-090-1 C0021